인공신경망 시리즈 1 _ 순방향 신경망

신경망 학습이론과 PyTorch

추상목 지음

UUP

- 2020년 12월 18일 **초판 인쇄**
- 2020년 12월 24일 **초판 발행**
- **지은이** 추상목
- **펴낸이** 오연천
- **펴낸곳 UUP.**(울산대학교출판부) 680-749 울산광역시 남구 대학로 93(무거동) 울산대학교 출판부
- 전화 (052)259-2488 팩스 (052)277-3011 ▪ **홈페이지** http://uup.ulsan.ac.kr
- **출판등록** 제370-1996-000001호(1996.3.13)
- ₩13,000

이 도서의 국립중앙도서관 출판도서목록(CIP)은,
e-CIP 홈페이지(http://www.nl.go.kr/ecip)에서 이용하실 수 있습니다.(CIP제어번호: CIP2020054835)

ISBN 978.89.7868.981.6 (93410)

머리말

인공 신경망은 다양한 모습으로 우리 생활 속에 깊고 넓게 자리 잡고 있다. 이런 신경망은 새롭고 신비해서 작동 원리를 이해하고 코드로 구현해 보고 싶지만 쉽지가 않다. 그 이유를 생각해보면 신경망 종류가 다양하고 선형대수, 다양한 최적화와 편미분, 확률 등 수학 지식이 있어야 수리적 작동 원리를 이해할 수 있으며, 컴퓨터 프로그래밍 언어 등 기본적으로 알아야 할 내용이 많기 때문이다.

이러한 진입 장벽을 넘기 위해서는 모든 신경망을 한 권으로 이해하겠다는 마음을 내려놓고 모든 신경망에 공통으로 사용되는 "순방향 신경망"의 모든 것을 확실히 알려는 노력이 필요하다. 더불어 순방향 신경망을 통과하여 인공 신경망 세계로 진입할 수 있도록 구성된 교재가 필요하다. 이에 본 교재에서는 순방향 신경망만을 다루고자 한다. 순방향 신경망은 간단하지만 다른 모든 종류의 신경망을 이해하는데 기본이 되는 요소를 모두 가지고 있다. 그러므로 순방향 신경망의 구성 요소를 자세하고 꼼꼼하게 이해하는 것이 인공 신경망을 정복하는 지름길이라고 할 수 있다.

본 교재에서는 신경망의 학습 내용을 분명하고 쉽게 설명하기 위하여, 먼저 코드를 사용하지 않고 그림만으로 학습할 내용을 설명하고자 한다. 다른 신경망을 확실히 이해하기 위해서도 먼저 코드 없이 그림으로 학습할 내용을 표현하고 이해한 후에 그 내용을 코드로 구현하는 순서를 따라야 한다. 이에 본 교재에서는 구글에서 무료로 제공하는 웹 서비스인 Colab을 사용하여 그림으로 학습한 내용을 PyTorch로 구현하는 원칙을 따랐다. PyTorch는 파이썬을 기반으로 하는 신경망 프로그래밍 언어로 이를 선택한 이유는 사용하기 수월하고 널리 사용되기 때문이다.

코딩을 해 본 적이 없고 신경망을 처음 배우지만, 모든 신경망을 스스로 학습해 낼 수 있는 토대를 마련함으로써 신경망 공부를 제대로 시작하려는 후학에게 도움이 되길 바라는 마음이 본 교재에 드러나길 기대한다. 교재가 출판된 후에 알게 된 수정 사항이나 새롭게 추가할 내용은 아래 URL에서 제공한다.

https://feedforwardneuralnetwork.blogspot.com/

2020년 한 해를 보내면서
추 상 목

목차

제1장 그림으로 이해하는 신경망

"**순방향 신경망(feedforward neural network)**"은 그림1과 같은 "**인공 신경망**"이다. 노드를 연결하는 화살표가 순환을 형성하지 않고(loop를 형성하지 않고) 한 방향(feedforward)으로 진행한다. 본 교재에서 다룰 신경망은 순방향 신경망으로 간단히 "**신경망**"이라 하겠다.

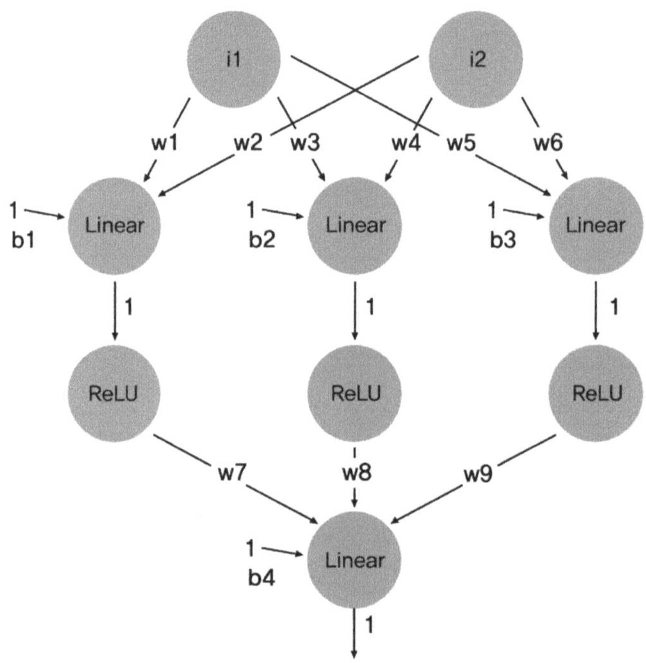

그림 1. 순방향 신경망

신경망을 사용하기 위해서는 신경망을 만들 수 있어야 한다.
그러기 위해서는 두 가지를 알아야 한다.

(1) 신경망 구성 요소와 연결 규칙 (신경망의 위상적 구조 PART I)
(2) 연결된 구성 요소의 작동 원리 (신경망의 대수적 구조 PART II)

PART I. 신경망 구성 요소와 연결 규칙 (신경망의 위상적 구조)

신경망은 2개 이상의 층(입력층, 출력층)을 가지고, 각 층은 노드 또는 상수 1로 구성되어 있다. 노드와 상수 1은 화살표로 다른 노드와 연결된다. 신경망의 구성 요소와 연결 규칙을 알아보자.

1. 입력층과 입력노드, 은닉층과 은닉노드, 출력층과 출력노드

그림1은 그림 2와 같이 4개 층(1층, 2층, 3층, 4층)을 가지고 1층은 "**입력층**", 마지막 층(4층)은 "**출력층**", 나머지 층(2층과 3층)은 "**은닉층**"이라고 한다.

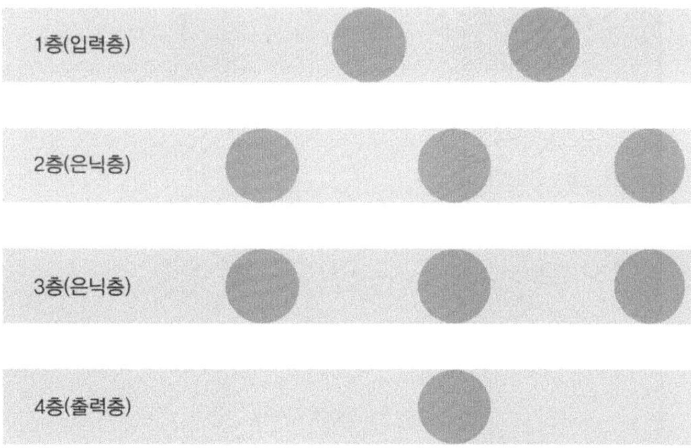

그림2. 입력층과 입력노드, 은닉층과 은닉노드, 출력층과 출력노드

입력층은 2개 노드를 가지고 각각을 "**입력노드**"라고 한다. 2층 은닉층은 3개 노드를 가지고 3층 은닉층도 3개 노드를 가진다. 은닉층의 노드는 "**은닉노드**"라고 한다. 각 은닉층의 은닉노드 개수는 다를 수 있다. 출력층은 1개 노드를 가지고 "**출력노드**"라고 한다.

> **[주의사항1] 층 번호**
> 뒤에 소개할 PyTorch 신경망과 일치시키기 위하여 신경망 그림에서 층 번호는 위에서 아래 방향으로 증가한다.

[주의사항2] 출발층과 도착층

"출발층" 과 "도착층" 은 이웃한 두 층에서만 사용하는 용어이다. 이웃한 두 층에서 층 번호가 작은 층과 큰 층을 각각 "출발층" 과 "도착층" 이라 하겠다. 예를 들면, 이웃한 1, 2층에서 1층은 출발층이고 2층은 도착층이 되지만 다른 이웃한 2, 3층에서 2층은 출발층이 된다.

|연결 규칙|

그림3의 노드와 상수 1을 다른 노드와 연결하는 규칙은 다음과 같다.

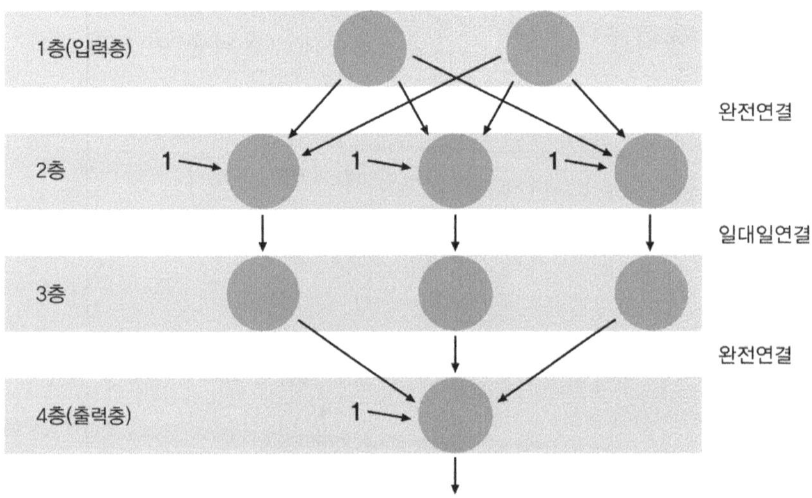

그림3. 연결 규칙

규칙1. 동일 층에 있는 노드는 서로를 화살표로 연결하지 않는다.

예제1. 1층 노드는 서로를 화살표로 연결하지 않는다.
2층 노드는 서로를 화살표로 연결하지 않는다.
3층 노드는 서로를 화살표로 연결하지 않는다.
4층 노드는 서로를 화살표로 연결하지 않는다.

규칙2. 화살표는 이웃한 두 층에서 출발층 노드에서 출발하여 도착층 노드에 도착한다.

예제2. 1층 노드에서 출발한 화살표는 2층 노드에 도착한다.
2층 노드에서 출발한 화살표는 3층 노드에 도착한다.
3층 노드에서 출발한 화살표는 4층 노드에 도착한다.
4층 노드에서 출발한 화살표가 도착할 수 있는 노드는 없다.

규칙3. 이웃한 두 층은 **완전연결**되거나 **일대일연결**된다.

예제3-1. 1층 노드 각각은 2층 노드 각각과 연결되었다. 이런 연결을 "**완전연결**"이라고 하자. 1, 2층을 "**완전연결된 이웃한 층**" 또는 간단히 "**완전연결된 두 개 층**"이라고 하고, 1층을 "**완전연결된 출발층**", 2층을 "**완전연결된 도착층**"이라 하자. 3, 4층도 완전연결된 두 개 층이므로 3층은 완전연결된 출발층이고 4층은 완전연결된 도착층이 된다.

예제3-2. 2층 노드와 3층 노드는 일대일로 연결되었다. 이런 연결을 "**일대일연결**"이라고 하고, 2층을 "**일대일연결된 출발층**", 3층을 "**일대일연결된 도착층**"이라 하자.

규칙4. 상수 1은 완전연결된 도착층에만 있을 수 있고 도착층 노드와 화살표로 연결된다.

예제4. 1층은 완전연결된 출발층이므로, 상수 1에서 출발하여 1층 노드에 도착하는 화살표가 없다. 2층은 이웃한 1, 2층에서 완전연결된 도착층이므로, 상수 1에서 출발하여 2층 각 노드에 도착하는 화살표가 있다. 3층은 완전연결된 출발층이므로 상수 1에서 출발하여 3층 노드에 도착하는 화살표가 없다. 4층은 이웃한 3, 4층에서 완전연결된 도착층이므로, 상수 1에서 출발하여 출력노드에 도착하는 화살표가 있다.

[주의사항3] 일대일연결된 도착층에는 상수 1이 없다.

규칙5. 모든 노드는 자신에서 출발하는 화살표를 가진다.

[주의사항4] 연결 규칙은 순방향 신경망에 적용되는 규칙
위 연결 규칙은 순방향 신경망을 만들 때 적용되는 기본 연결 규칙이다. 순방향 신경망과 다른 신경망을 만들 때에는 그 신경망에 맞는 연결 규칙을 적용해야 한다.

예제5. 연결 규칙을 따르지 않는 신경망 구조

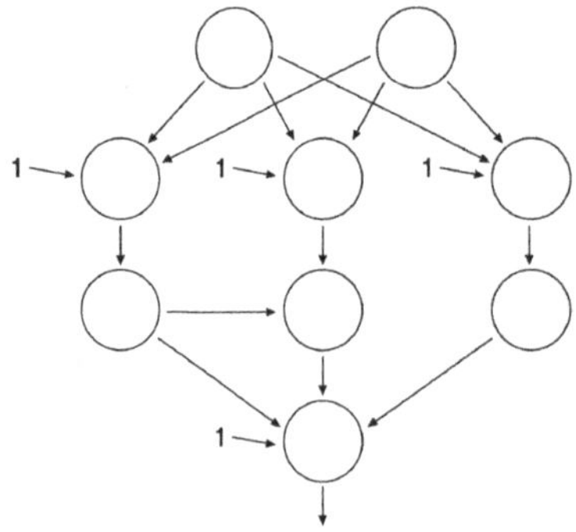

▶ 3층 노드 두 개 사이에 화살표가 있음. 규칙1 위반이다.

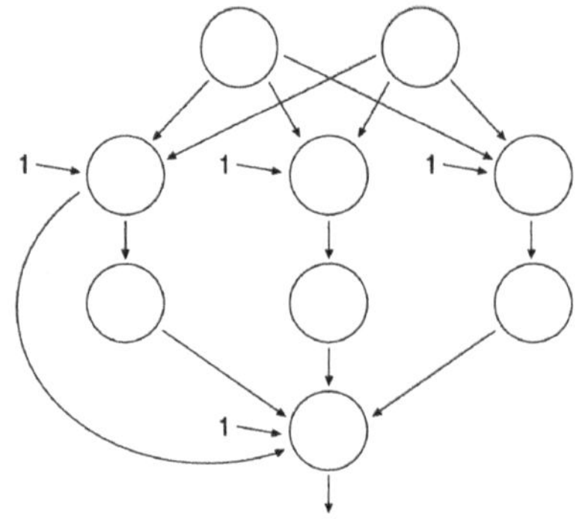

▶ 2층과 4층 노드 사이에 화살표가 있음. 규칙2 위반이다.

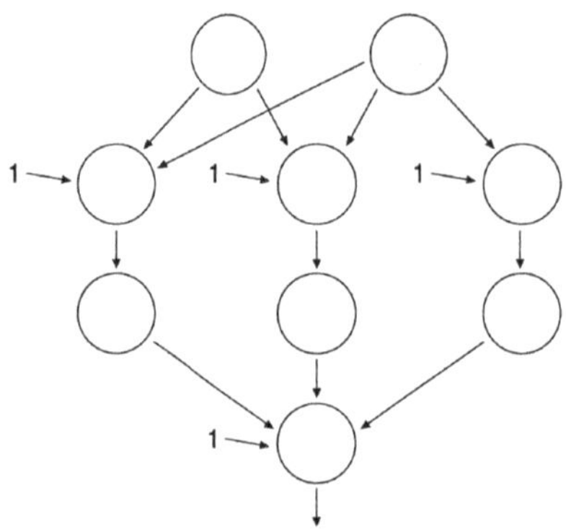

▶ 1층과 2층이 완전연결, 일대일연결이아님. 규칙3 위반이다.

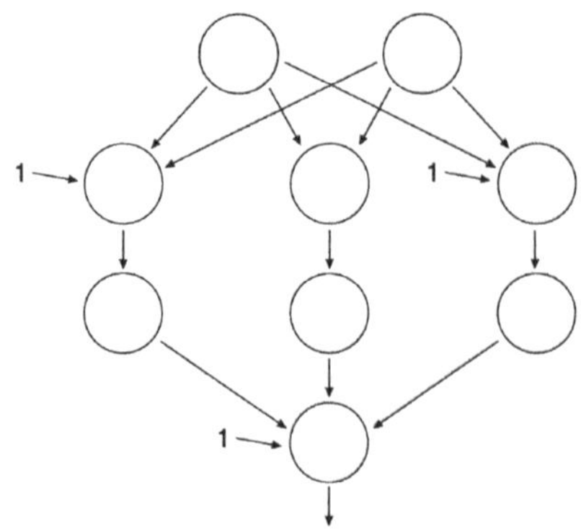

▶ 완전연결된 1층, 2층에서 2층 가운데 노드가 상수 1과 화살표로 연결되어 있지 않음. 규칙4 위반이다.

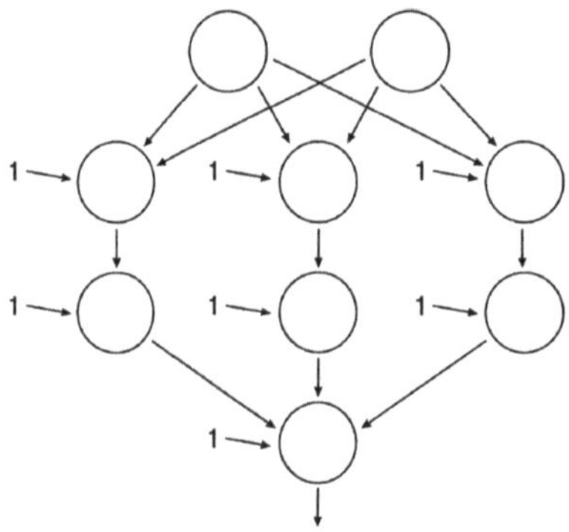

▶ 일대일연결된 2, 3층에서 3층 노드가 상수 1과 화살표로 연결되었음. 규칙4 위반이다.

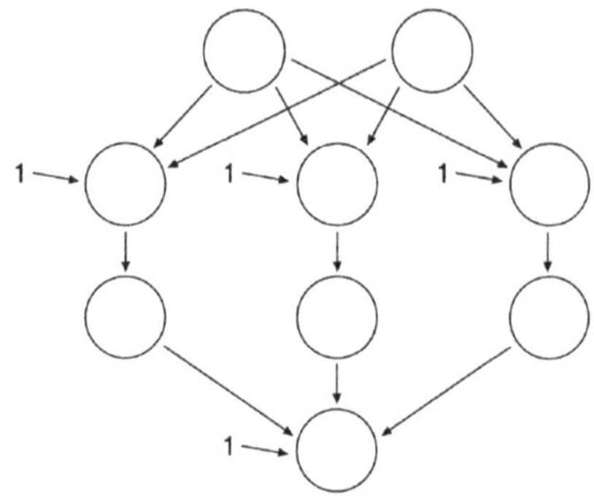

▶ 4층 노드에서 출발하는 화살표가 없음. 규칙5 위반이다.

PART Ⅱ. 노드와 화살표의 작동원리 (신경망의 대수적 구조)

노드와 화살표는 각각 값을 가진다. 화살표의 초깃값은 무작위로 결정되고 신경망 학습법으로 업데이트된다. 이렇게 화살표가 가지는 초깃값을 업데이트하는 과정을 “신경망 학습”이라 한다. **신경망 학습 대상은 화살표가 가지는 값**임을 기억하자. 노드가 가지는 값은 입력노드에 대입하는 값과 화살표가 가지는 값으로 결정된다. 이를 설명하기 하기 위하여 그림3에서 화살표가 가지는 값을 문자로 나타내어 그림4를 만들었다.

1. 화살표가 가지는 값은 세 종류

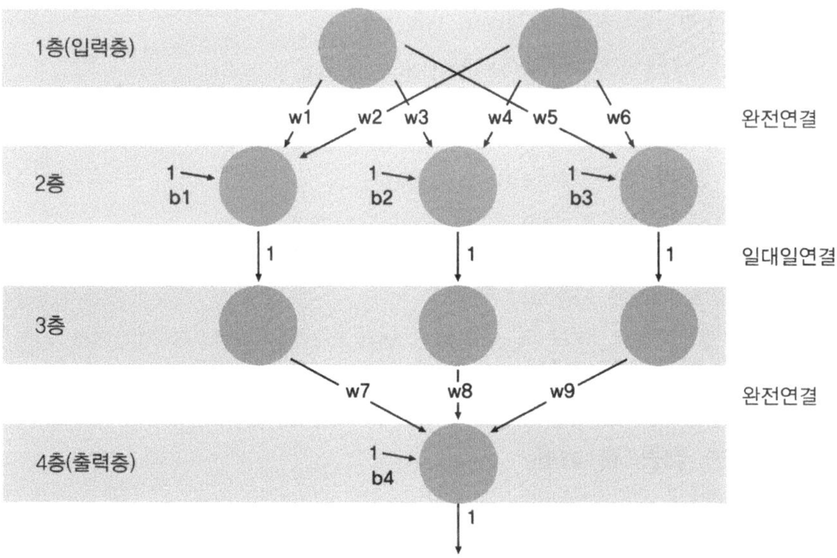

그림4. 화살표가 가지는 값을 나타내는 문자 w, b와 자연수 1.

(1) 가중치: 완전연결에 사용한 화살표 값은 w (“**가중치 weight**”) 문자를 사용한다.
1, 2층은 완전연결이므로 1, 2층 노드 연결 화살표는 가중치(w1~w6)를 가진다.
3, 4층은 완전연결이므로 3, 4층 노드 연결 화살표는 가중치(w7~w9)를 가진다.

(2) 편향치: 상수 1에서 출발한 화살표 값은 b (“**편향치 bias**”) 문자를 사용한다.

상수 1에서 출발해서 2층 노드에 도착한 화살표는 편향치(b1, b2, b3)를 가진다.

상수 1에서 출발해서 4층 노드에 도착한 화살표는 편향치(b4)를 가진다.

(3) 자연수 1: 일대일 대응에 사용한 화살표 값은 자연수 1이다.

가중치와 편향치를 "**파라미터(parameter)**"라고 한다.

예를 들면, 그림 4에서 파라미터는 13개이다.

1, 2층 사이에 파라미터 6개(w1, w2, w3, w4, w5, w6).

2층 노드와 상수 1 사이에 파라미터 3개(b1, b2, b3).

3, 4층 사이에 파라미터 3개(w7, w8, w9).

4층 노드와 상수 1 사이에 파라미터 1개(b4).

가중치(w1, … , w9)와 편향치(b1, … , b4)의 초깃값은 무작위로 결정되고 제6장에서 신경망 학습법으로 초깃값은 업데이트된다.

[주의사항5] 업데이트 대상은 가중치와 편향치

가중치와 편향치만 업데이트 대상이다. 즉, 상수 1과 자연수 1에 사용된 숫자 1은 업데이트 대상이 아니다.

2. 노드가 가지는 값은 세 종류

입력노드를 제외하고 각 노드는 자신에 적힌 함수의 값을 가진다. 그림4에서 각 노드가 가지는 값을 나타내기 위하여 각 노드에 문자를 추가하여 그림5를 만들었다. 노드에 적힌 Linear1, Linear2, Linear3, Linear4는 노드의 이름표와 같은 역할을 하면서 동시에 선형함수 linear의 값을 나타낸다. 선형함수 linear 정의는 뒤에서 설명한다. 마찬가지로 ReLU1, ReLU2, ReLU3도 노드의 이름표와 같은 역할을 하면서 동시에 활성함수 relu의 값을 나타낸다. 선형함수 linear와 활성함수 relu의 정의는 뒤에서 다룬다. 따라서 노드는 세 종류의 값을 가진다.

입력노드 값, Linear 값, 활성함수 값.

노드가 선형함수 또는 활성함수 중 어떤 것을 가질지는 이웃한 두 층의 연결방식에 의하여 결정된다.

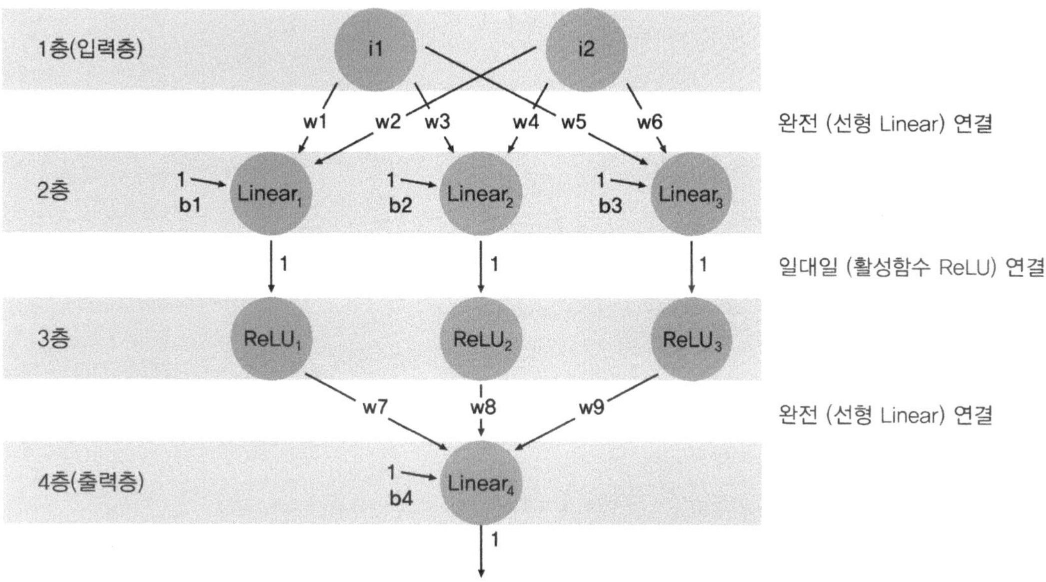

그림5. 노드가 가지는 값

완전연결을 **"선형(linear)연결"**, 일대일연결을 **"활성함수연결"**이라고도 하자.

이 용어에서 알 수 있듯이 완전연결(선형연결)된 도착층 노드에는 선형함수 이름 Linear를 적고, 일대일연결(활성함수 ReLU연결)된 도착층 노드에는 활성함수 이름 ReLU를 적는다.

(1) i1, i2의 값

입력노드에 적힌 i1과 i2는 2개 입력노드 값을 의미한다. 예를 들면, 신경망 입력이 2와 3이면 i1=2와 i2=3이 된다.

(2) Linear1의 값

3개 값(i1, i2, 1)과 화살표가 가지는 값(w1, w2, b1)이 각각 곱해져서(i1*w1, i2*w2, 1*b1) Linear1으로 들어온다.

Linear1은 자신으로 들어온 값들을 더한 값을 가진다.

```
Linear1 = linear(i1*w1, i2*w2, 1*b1)
        = i1*w1+i2*w2+1*b1
```

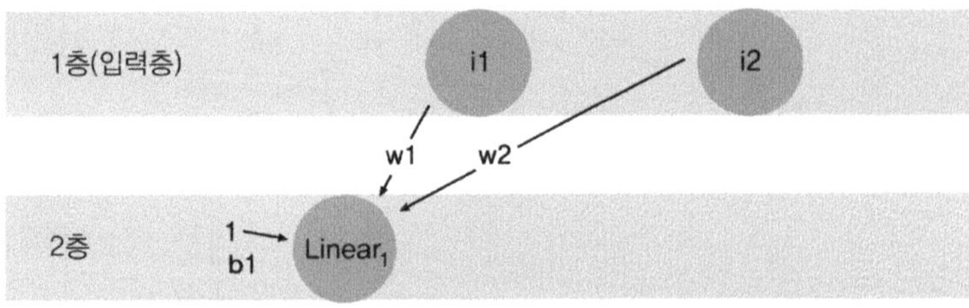

즉, 선형함수 linear는 모든 독립변수의 합이다.

$$linear(x_1, \cdots, x_n) = x_1 + \cdots + x_n \left(x_i \in R, 1 \le i \le n\right)$$

여기서 n은 2 이상의 어떤 정수이다.

(3) Linear2의 값

3개 값(i1, i2, 1)과 화살표가 가지는 값(w3, w4, b2)이 곱해져서(i1*w3, i2*w4, 1*b2) Linear2로 들어온다.

Linear2는 자신으로 들어온 값들을 더한 값을 가진다.

```
Linear2 = linear(i1*w3, i2*w4, 1*b2)
        = i1*w3+i2*w4+1*b2
```

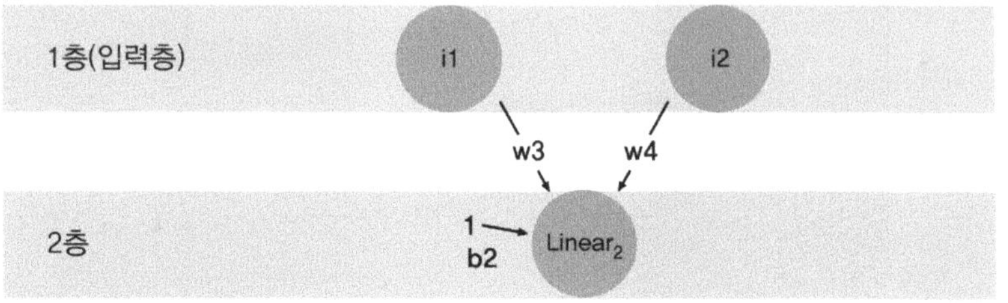

(4) Linear3의 값

3개 값(i1, i2, 1)과 화살표가 가지는 값(w5, w6, b3)이 곱해진 값(i1*w5, i2*w6, 1*b3)이 Linear3로 들어온다.

Linear3는 자신으로 들어온 값들을 더한 값을 가진다.

Linear3 = linear(i1*w5, i2*w6, 1*b3)
= i1*w5+i2*w6+1*b3

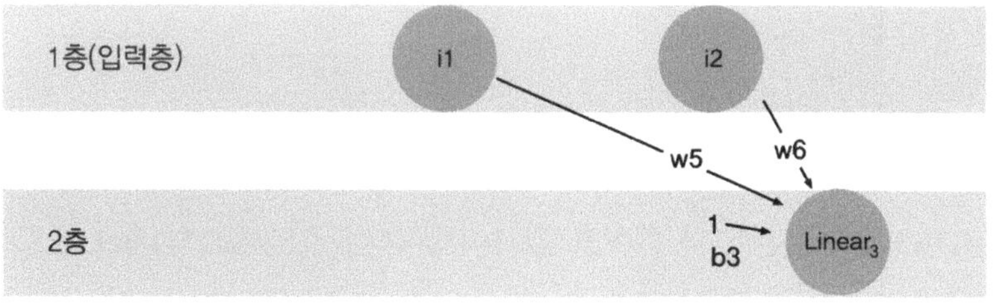

(5) ReLU1의 값

Linear1=i1*w1+i2*w2+1*b1과 화살표 값 1이 곱해진 값(Linear1*1)이 ReLU1으로 들어온다.

ReLU1은 자신으로 들어온 값을 활성함수 relu에 대입한 값을 가진다.

ReLU1 = relu(Linear1*1)

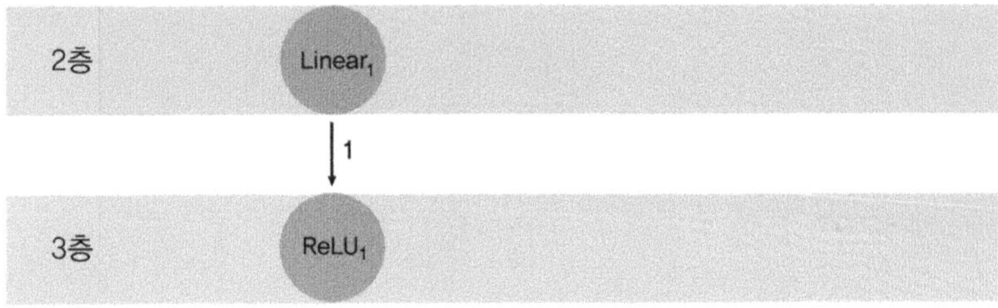

활성함수 relu는 다음과 같이 최댓값으로 정의한다.

$$relu(x) = \max\{0, x\} \ (x\text{는 실수})$$

예를 들면, relu(3)=max{0,3}=3이고 relu(-2)=max{0,-2}=0이다. 즉, 양수 x를 relu에 대입하면 x가 되지만 음수를 대입하면 0이 된다.

Relu 이외에 Tanh와 같이 다른 활성함수를 사용할 수 있지만, 동일 층에서는 같은 활성함수만 사용해야 한다. 예를 들면, 3층에서 ReLU와 Tanh를 함께 사용할 수 없다. 활성함수는 비선형성을 추가하기 위하여 사용하는 함수이므로 선형함수 linear는 활성함수가 아니다.

(6) ReLU2의 값

Linear2=i1*w3+i2*w4+1*b2와 화살표 값 1이 곱해져서(Linear2*1) ReLU2로 들어온다. ReLU2는 자신으로 들어온 값을 함수 relu에 대입한 값을 가진다.

ReLU2 = relu(Linear2*1)

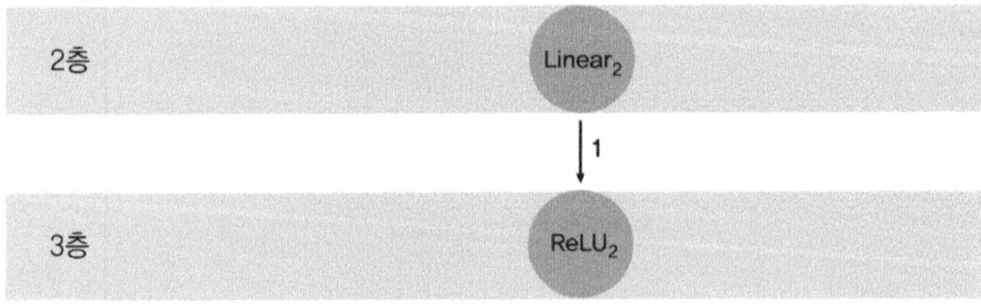

(7) ReLU3의 값

Linear3=i1*w5+i2*w6+1*b3와 화살표 값 1이 곱해져서(Linear3*1) ReLU3로 들어온다.

ReLU3는 자신으로 들어온 값을 함수 relu에 대입한 값을 가진다.

ReLU3 = relu(Linear3*1)

(8) Linear4의 값

4개 값(ReLU1, ReLU2, ReLU3, 1)과 화살표 값(w7, w8, w9, b4)이 곱해져서 (ReLU1*w7, ReLU2*w8, ReLU3*w9, 1*b4) Linear4로 들어온다.

Linear4는 자신으로 들어온 값들을 더한 값을 가진다.

Linear4 = linear (ReLU1*w7, ReLU2*w8, ReLU3*w9, 1*b4)
= ReLU1*w7+ReLU2*w8+ReLU3*w9+1*b4

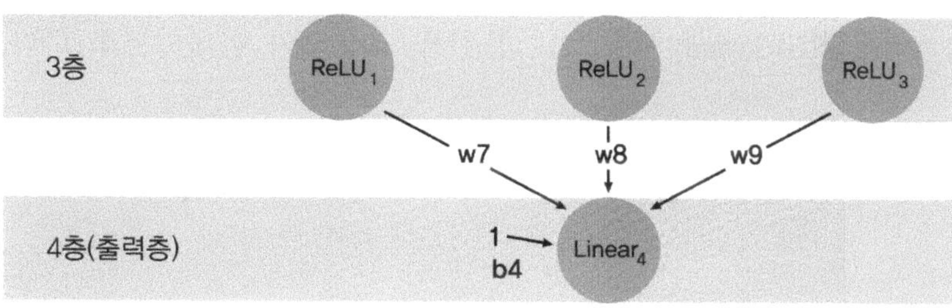

|신경망 출력|

출력노드가 가지는 값을 신경망 출력이라고 하자. 출력노드가 1개이므로 신경망 출력도 1개이다.

Linear4*1

정리하면 신경망 출력을 구하는 절차는 먼저, 1층(입력층)에 있는 입력노드 값을 정한다. 이어 입력노드 값, 1, 2층 사이에 있는 파라미터 값(가중치와 편향치의 값)으로부터 2층 노드의 값을 구한다. 이런 과정을 출력층까지 반복하여 출력노드 값을 구함으로써 신경망 출력을 구하게 된다.

1층(입력층)의 입력노드에서 출발해서, 2층, 3층, … , 출력층의 출력노드에 도착하는 계산 과정 흐름을 **"순방향 (forward)"**이라고 한다. 즉, 신경망 출력은 순방향으로 계산한다고 한다.

제6장에서 파라미터 초깃값을 업데이트할 때는 출력층에서 시작해서 입력층에 도착하는 **"역방향(backward)"**으로 편미분값을 계산하여 업데이트를 한다.

예제6. 그림 5에서 가중치와 편향치가 모두 2라고 가정하자. 신경망 입력이 숫자 2와 3일 때, 각 노드가 가지는 값을 노드 내부에 적으면 다음과 같다.

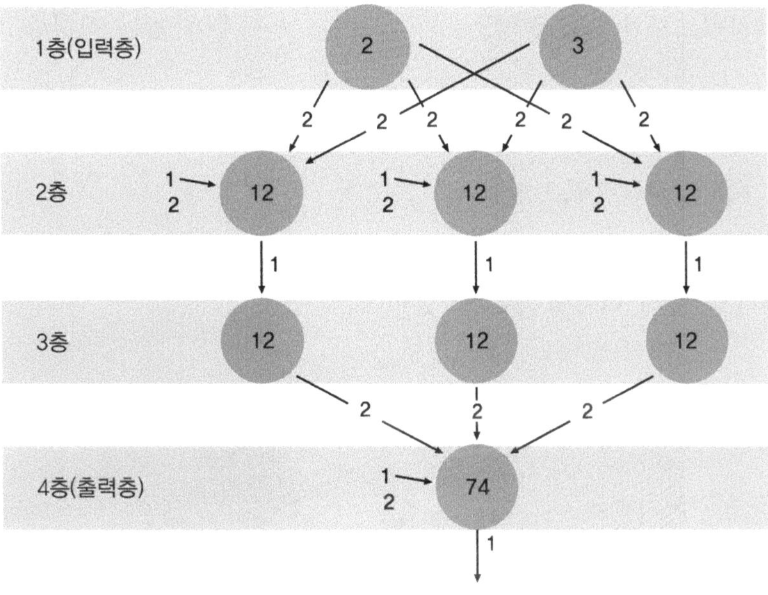

예를 들면, 2층 좌측 Linear1에 2*2, 3*2, 1*2가 들어오므로 Linear1이 가지는 값은 12가 된다.

2*2 + 3*2 + 1*2 = 12

3층 좌측 ReLU1에 12*1이 들어오므로 ReLU1이 가지는 값은 12이다.

ReLU1 = relu(12*1)
= max{0, 12}
= 12

출력노드가 가지는 값이 74이므로 신경망 출력은 74가 된다.

연습문제

1. 다음 조건을 만족시키는 신경망을 그리시오.

   1-1 입력노드가 1개, 출력노드가 2개이고 은닉층이 없는 신경망

   1-2 입력노드가 1개, 2층은 2개 선형노드, 3층은 활성함수 Tanh 노드, 4층은 출력층이고 출력노드가 2개

2. 아래 신경망에 대하여 물음에 답하시오.

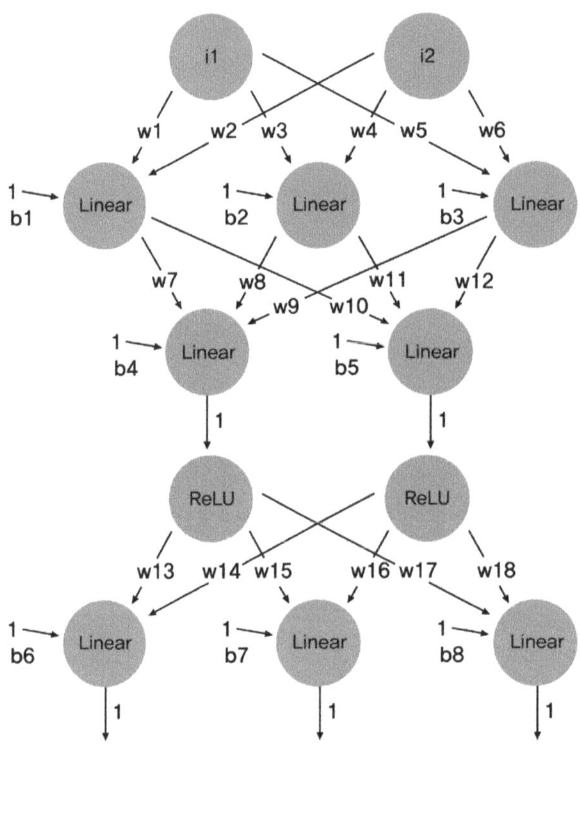

2-1. 입력층 개수는? 출력층 개수는? 은닉층 개수는?

2-2. 입력노드 개수는? 출력노드 개수는? 은닉노드 개수는?

2-3. 완전연결(선형연결)된 두 개 층을 모두 적으면?
일대일연결(활성함수연결)인 두 개 층을 모두 적으면?

2-4. 신경망에 사용된 활성함수는?

2-5. 가중치 개수는? 편향치 개수는? 파라미터 개수는?

3. 아래 신경망의 입력, 가중치와 편향치가 모두 1일 때, 신경망 출력을 구하시오.

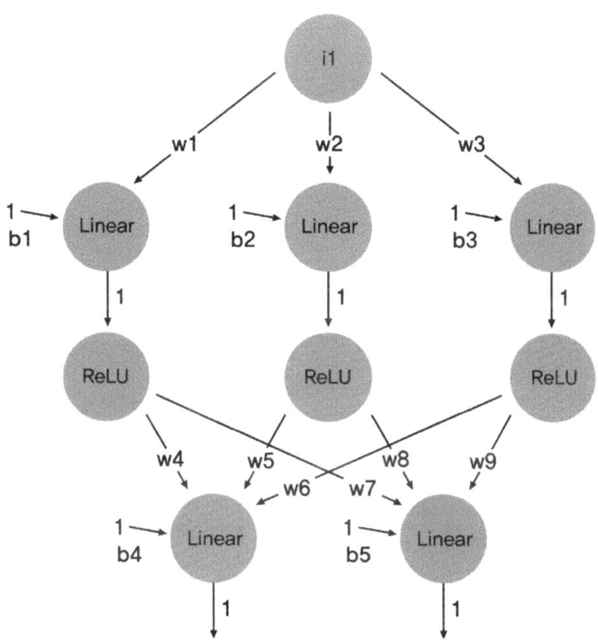

제2장 신경망 그림을 PyTorch로 변환

신경망 그림을 신경망 학습 전용 라이브러리인 파이토치(PyTorch)로 표현하는 과정(PART I)과 반대로 PyTorch로 표현된 신경망을 그림으로 표현하는 과정(PART II)를 알아보자. PyTorch 코드를 작성할 때는 대문자와 소문자를 구별해야 한다.

PART I. 신경망 그림을 PyTorch로 표현

제1장에서 이해한 신경망 그림을 PyTorch 코드로 변환하기 위하여, 먼저 (1) 신경망 그림의 이웃한 두 층을 (2) PyTorch 용어로 표현한 후, (3) 실행할 수 있는 PyTorch 코드(PyTorch 신경망)로 나타낸다.

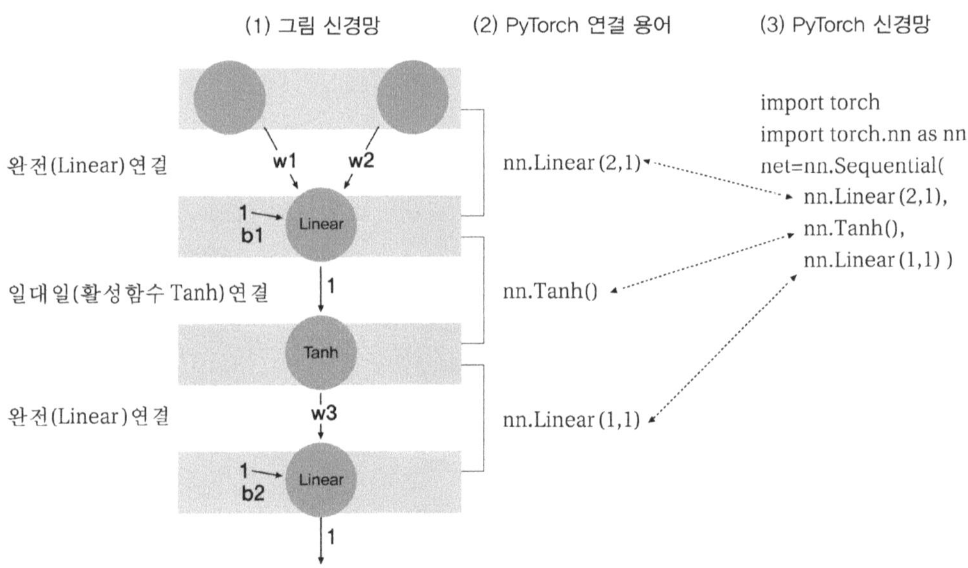

그림1. 신경망 그림과 PyTorch 신경망의 관계

그림 1-(1) 신경망 그림

신경망 그림은 4층으로 만들어졌다.

1층 노드(입력노드)는 2개, 2층 노드는 1개, 3층 노드는 1개, 4층 노드(출력노드)는 1개이다.

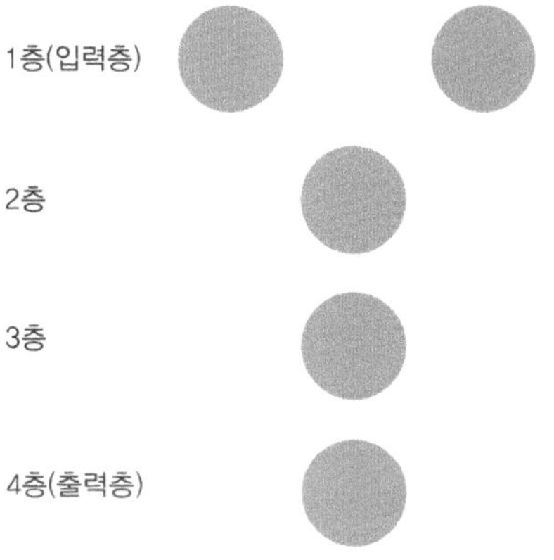

1층과 2층은 완전(선형 Linear)연결이므로 2층 노드는 Linear 노드가 된다.

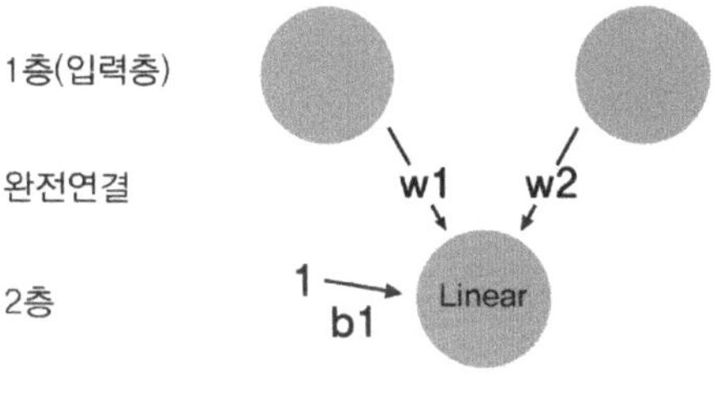

2층과 3층은 일대일(활성함수 Tanh)연결이므로 3층 노드는 Tanh 노드가 된다.

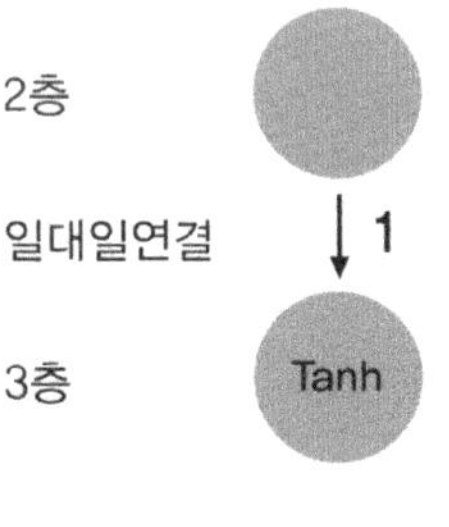

3층과 4층은 완전(선형 Linear)연결이므로 4층 노드는 Linear 노드가 된다.

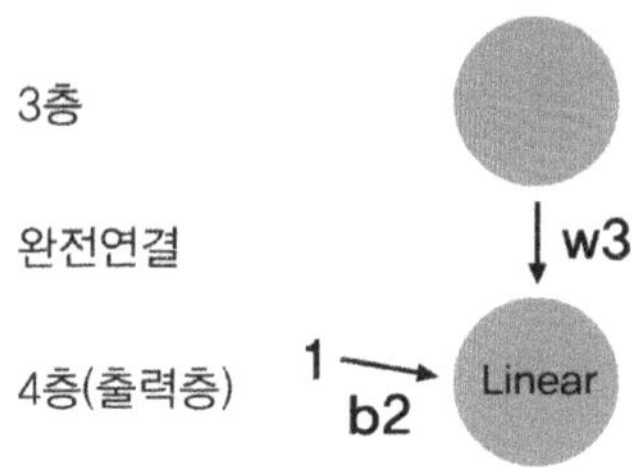

따라서 파라미터는 5개 (w1, w2, b1, w3, b2)이다.

그림1-(1)▶그림1-(2) 신경망 그림을 PyTorch 연결 용어로 변환

신경망 그림에서 이웃한 두 층의 연결 방식과 노드 개수를 PyTorch의 연결 용어로 나타내 보자.

1, 2층: 완전(Linear) 연결이고 (1층 노드, 2층 노드)=(2개, 1개)이다. 2층 노드는 가중치 2개와 편향치 1개를 가진다. 이를 PyTorch 용어로 나타내면 nn.Linear(2,1)가 된다.

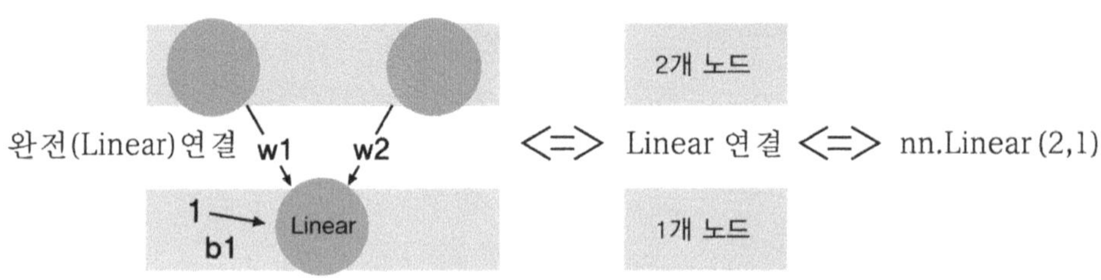

2, 3층: 일대일(활성함수 Tanh) 연결이므로 2층 노드와 3층 노드 개수는 동일하고 3층 노드는 가중치와 편향치를 가지지 않는다. 이를 PyTorch 용어로 나타내면 nn.Tanh( )가 된다.

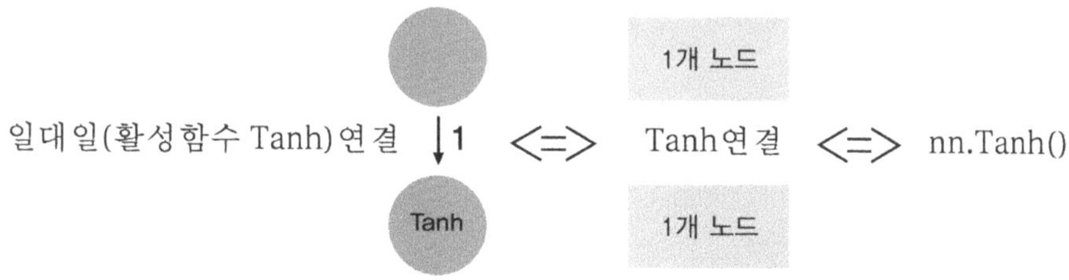

[주의사항1] 활성함수에 있는 소괄호
활성층 nn.Tanh( )의 소괄호 ( ) 안에 노드 개수를 적지 않는다.

3, 4층: 완전(Linear)연결이고 (1층 노드, 2층 노드)=(1개, 1개)이다. 이를 PyTorch 용어로 나타내면 nn.Linear(1,1)가 된다.

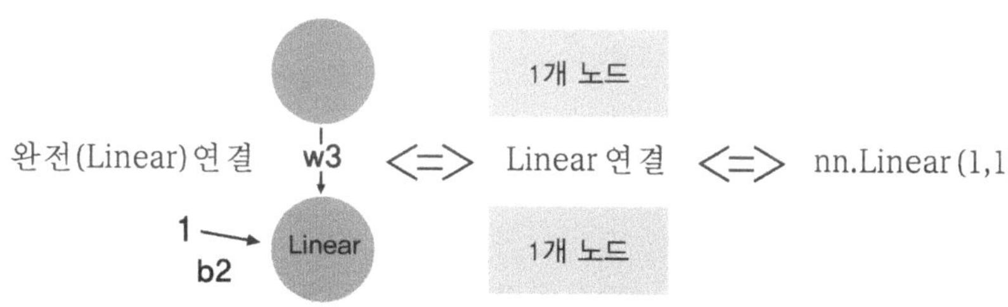

따라서 신경망 그림의 이웃한 두 층의 연결방식을 PyTorch 용어로 나타내면 다음과 같다.

nn.Linear(2,1), nn.Tanh( ), nn.Linear(1,1)

[참고1] 점(.) 표기법
nn.Linear와 nn.Tanh에서 점(.)을 “가지고 있는” 으로 표현하겠다. 즉, nn.Linear는 nn(Neural Network)이 가지고 있는 Linear로 해석하겠다.

[주의사항2] 대문자와 소문자를 구별
PyTorch의 기반인 파이썬에서는 대문자와 소문자를 구별하므로 nn.Linear, nn.Tanh 대신에 nn.linear, nn.tanh와 같이 사용하면 안된다.

그림1-(2) ▶ 그림1-(3) PyTorch 연결 용어를 PyTorch 코드로 변환

신경망 그림에서 찾은 PyTorch 연결 용어(nn.Linear(2,1), nn.Tanh( ), nn.Linear(1,1))을 사용하여 다음과 같이 실행 가능한 PyTorch 신경망으로 만든다.

제1단계. torch를 호출한다.

```
import torch
```

제2단계. torch에 있는 nn을 사용할 때는 반드시 torch.nn이라고 해야하는데 간단히 nn이라고 하자.

```
import torch.nn as nn
```

제3단계. 신경망 이름을 net이라 하고 컨테이너 nn.Sequential( ) 내부에 PyTorch 연결 용어(nn.Linear(2,1), nn.Tanh( ), nn.Linear(1,1))을 다음과 같이 담으면 된다.

```
nn.Sequential(nn.Linear(2,1), nn.Tanh( ), nn.Linear(1,1))
```

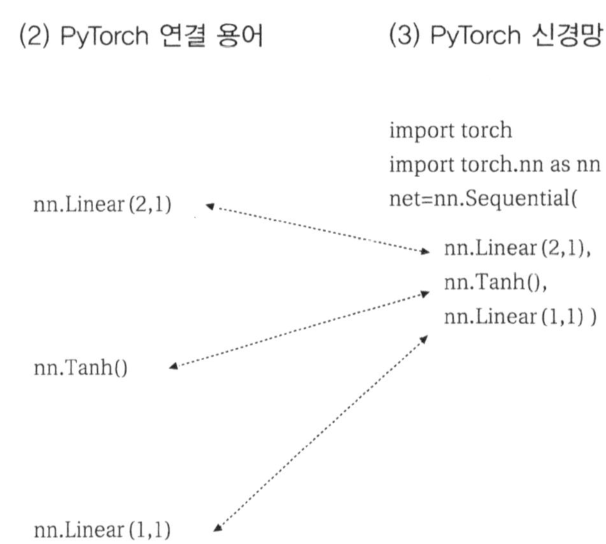

그림2. PyTorch 연결 용어와 코드

그림1-(3) PyTorch 신경망

그림1-(3)에 있는 아래 PyTorch 신경망 코드의 각 줄을 이해하자.

```
1 import torch
2 import torch.nn as nn
3 net=nn.Sequential(
4       nn.Linear(2,1),
5       nn.Tanh(),
6       nn.Linear(1,1)
7 )
```

|코드 설명|

1번째 줄: import torch

파이토치를 사용하기 위하여 토치(torch)를 불러온다(import).

torch가 가지고 있는 패키지 또는 함수를 사용한다는 의미이고 사용할 때는 점(.) 표기법을 적용한다. 예를 들면, torch가 가지고 있는 nn을 사용할 때는 torch.nn과 같이 사용한다.

[참고2] torch는 파이썬 패키지

패키지는 모듈들을 모아 놓은 것으로 파일 시스템에 있는 디렉터리(폴더)라고 생각할 수 있다. 모듈은 파이썬 코드를 논리적으로 묶어서 관리하고 사용할 수 있도록 만든 것으로 하나의 파이썬 파일이다.

[주의사항3] 명령문의 종료

PyTorch의 기반인 파이썬에서는 행 바뀜이 명령문의 종료를 의미한다.
첫 번째 줄은 import torch에서 명령문이 종료되기 때문에
다음 명령문 import torch.nn as nn을 추가하기 위해서 줄을 바꾸어 두 번째 줄에 추가했다.

2번째 줄: import torch.nn as nn

torch가 가지고 있는 nn (torch.nn)을 줄여서 nn으로 사용한다. nn 대신 다른 이름을 사용해도 된다.

3~7: 다섯 줄 코드(3~7)는 아래 한 줄 코드와 동일하다.

```
net = nn.Sequential(nn.Linear(2,1), nn.Tanh( ), nn.Linear(1,1))
```

3~7: net=nn.Sequential(⋯)

신경망 net을 nn.Sequential(⋯)로 만든다. 여기서 net은 임의로 정한 신경망 이름이고, nn.Sequential(⋯)는 PyTorch 연결 용어를 순차적으로 쌓을 때 사용하는 함수(컨테이너)이다.

4: nn.Linear(2,1)

1, 2층은 선형 (Linear) 연결이고, 1층 노드는 2개이고, 2층 노드는 1개 있다.

5: nn.Tanh( )

2, 3층은 활성함수 Tanh로 연결된 활성함수연결(일대일연결)이고, 2층과 3층에는 있는 노드 개수는 같다.

6: nn.Linear(1,1)

3, 4층은 선형(Linear) 연결이고, 3층 노드는 1개이고, 4층 노드는 1개이다.

그림1-(3) 코드가 실행되면 신경망의 모든 파라미터(가중치와 편향치)에는 무작위로 초깃값이 배정된다. 즉, 가중치와 편향치의 초깃값 배정을 위한 코드를 추가할 필요가 없다. 초깃값을 출력하는 코드는 제3장에서 다룬다.

[참고3] 시각적 효과

한 줄 코드 대신 다섯 줄 코드를 사용한 이유는 시각적으로 nn.Linear(2,1), nn.Tanh( ), nn.Linear(1,1) 이 순차적으로 쌓여 있음을 보이기 위함이다.

[참고4] 함수 이름과 소괄호 ( )

수학에서 함수 $f(x)$와 같이 함수를 표현할 때, f는 함수 이름, 소괄호 ( )는 함수 f가 가지는 독립변수를 담는 그릇, x는 소괄호 내부에 있으므로 독립변수가 된다. 코드 Sequential(nn.Linear(2,1), nn.Tanh( ), nn.Linear(1,1))에서 Sequential은 함수 이름(정확히 말하면 class 이름), 소괄호 ( )는 함수 Sequential가 가지는 독립변수 (인자 argument, 인수)를 담는 그릇이고 3개 인자(nn.Linear(2,1), nn.Tanh( ), nn.Linear(1,1))을 가진다. 그리고 인자는 쉼표(,)로 구분됨을 알 수 있다. 만약 코드 4, 5번째 줄에서 쉼표를 생략하면 error가 발생한다.

[참고5] 들여쓰기

코드 4, 5, 6번째 줄에서 들여쓰기를 한 이유도 시각적인 효과를 위함이다. 따라서 이 경우에서는 들여쓰기를 하지 않아도 오류가 발생하지 않는다. 그러나 들여쓰기를 하지 않으면 오류가 발생하는 경우를 제6장에서 설명한다.

[참고6] 입력층과 출력층만 가진 신경망

입력층과 출력층만 가진 신경망은 nn.Sequential을 사용하지 않아도 된다. 예를 들면, 입력층과 출력층만 가진 신경망 net=nn.Sequential(nn.Linear(2,3)) 대신에 net=nn.Linear(2,3)을 사용해도 된다.

[참고7] import torch 생략

그림3 코드에서 torch를 사용하지 않으므로 import torch를 생략해도 된다.

PART II. PyTorch 신경망을 그림으로 표현

이번에는 아래 PyTorch 신경망을 그림으로 나타내보자.

```
import torch
import torch.nn as nn
net=nn.Sequential(
     nn.Linear(2,3),
     nn.Linear(3,2),
     nn.ReLU(),
     nn.Linear(2,3)
 )
```

일층과 이층은 nn.Linear(2,3)이므로 선형(Linear)연결이고 일층 노드가 2개, 이층 노드가 3개이다.

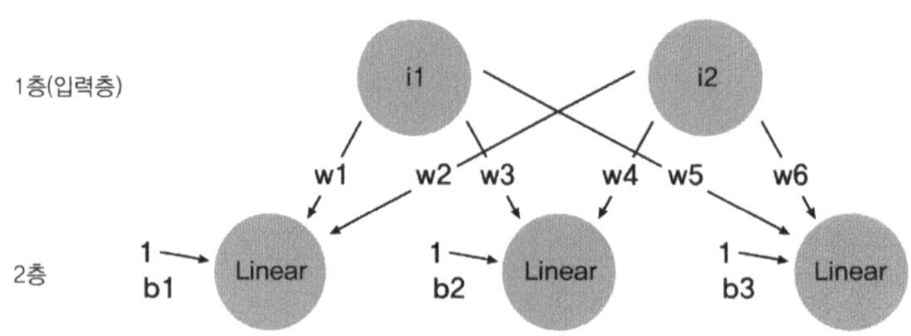

이층과 삼층은 nn.Linear(3,2)이므로 선형(Linear)연결이고 이층 노드가 3개, 삼층 노드가 2개이다.

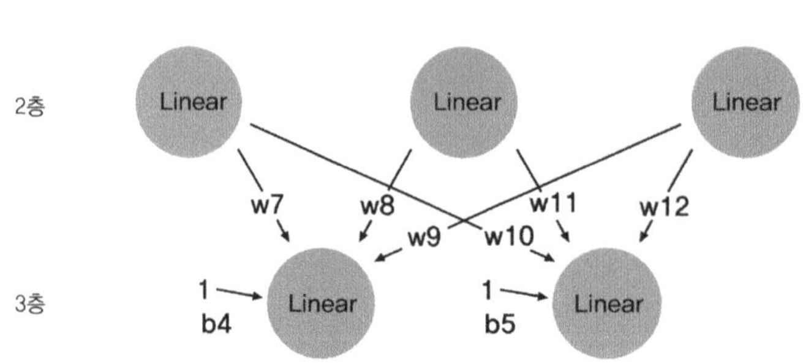

삼층과 사층은 nn.ReLU( )이므로 활성함수 ReLU로 연결된 일대일연결(활성함수 연결)이다. 일대일연결이므로 삼층과 사층 노드 개수는 같다. 즉, 사층 노드는 2개이다.

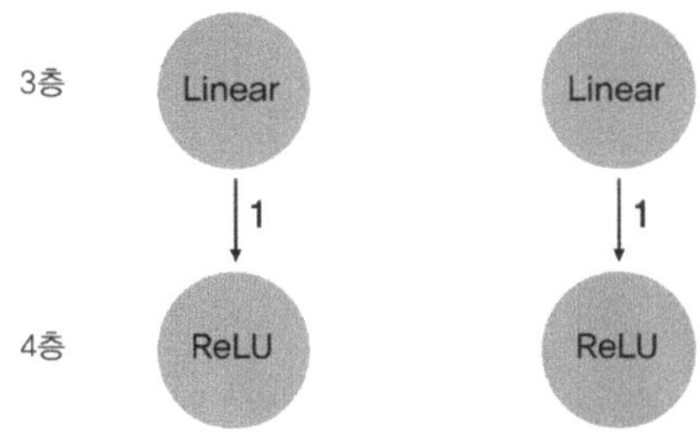

사층과 오층은 nn.Linear(2,3)이므로 선형(Linear)연결이고 사층 노드가 2개, 오층 노드가 3개이다. 오층은 마지막 층이므로 오층은 출력층이고 출력노드는 3개가 된다.

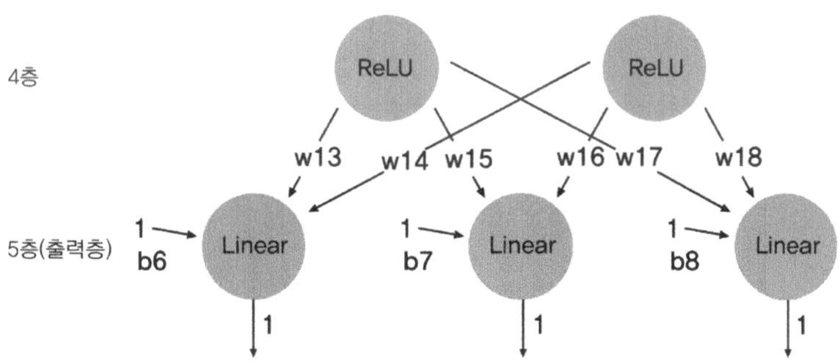

따라서 위 4개 신경망을 순서대로 연결하면 다음과 같은 신경망이 된다.

```
import torch
import torch.nn as nn
net=nn.Sequential(
      nn.Linear(2,3),
      nn.Linear(3,2),
      nn.ReLU(),
      nn.Linear(2,3)
 )
```

<=>

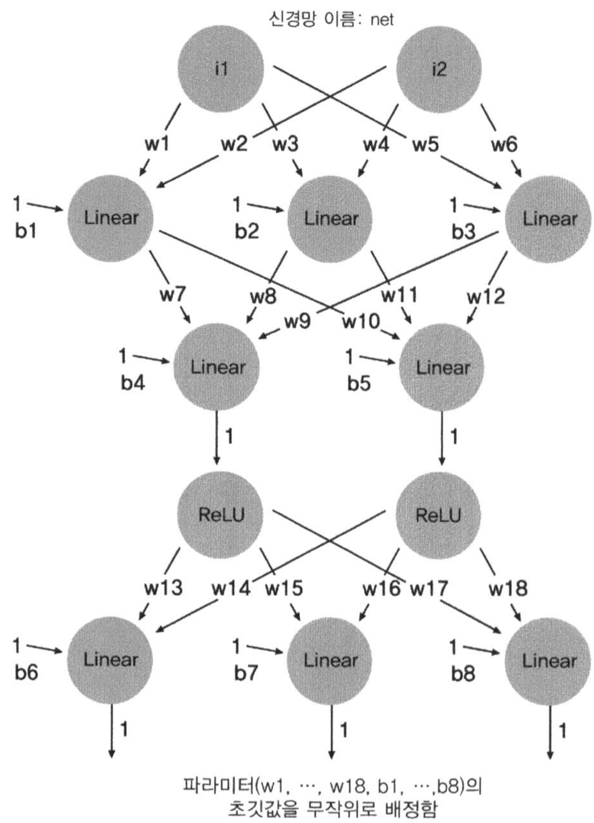

[참고8] 선형층과 활성층

nn.Linear(숫자, 숫자)를 선형층, nn.Tanh( )와 nn.ReLU( )를 활성층이라고 하자.

연습문제

1. 아래 PyTorch 신경망에 대하여 물음에 답하시오.

```
import torch
import torch.nn as nn
net=nn.Sequential(
    nn.Linear(1,3),
    nn.Linear(3,3),
    nn.Linear(3,2)
    )
```

1-1. 입력층 개수는? 출력층 개수는? 은닉층 개수는?

1-2. 입력노드 개수는? 출력노드 개수는? 은닉노드 개수는?

1-3. 완전연결(선형연결)된 두 개 층을 모두 적으면? 일대일연결(활성함수연결)된 두 개 층을 모두 적으면?

1-4. 신경망에 사용된 활성함수는?

1-5. 선형층의 개수는? 활성층의 개수는?

1-6. 가중치 개수는? 편향치 개수는? 파라미터 개수는?

1-7. 위의 PyTorch 신경망을 그림으로 나타내면?

2. 아래 신경망 그림을 PyTorch 신경망으로 나타내시오.

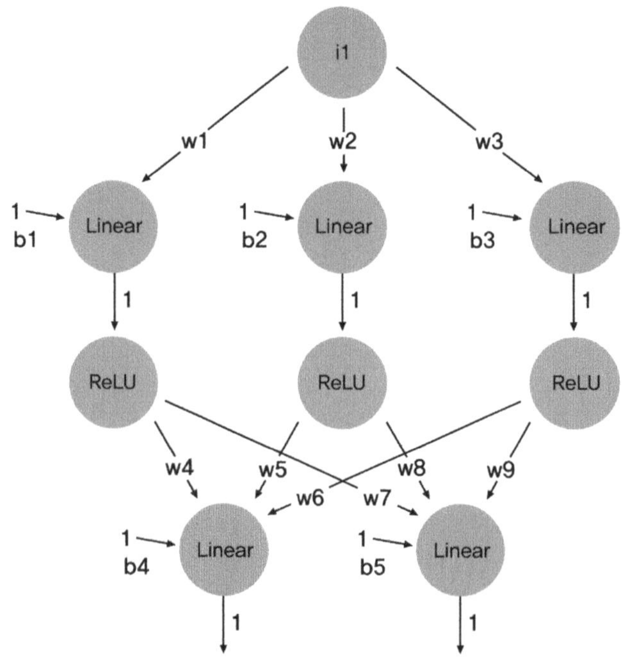

제3장 PyTorch 신경망을 구글 Colab에서 구현

PyTorch 코드를 구글 클라우드에서 무료로 실행할 수 있는 웹 서비스인 Colaboratory(Colab)를 소개하고 Colab에서 PyTorch로 신경망을 구현하고 무작위로 배정된 파라미터 초깃값도 출력해 보자. 이제부터 PyTorch 코드는 Colab에서 구현한다.

Step1. Colab에서 PyTorch 코드를 사용하기 위한 준비 단계

1-1. Colab에 접속한다.

https://colab.research.google.com/notebooks/welcome.ipynb

크롬(Chrome) 웹 브라우저에서 검색어 "Colab"으로 아래 사이트를 찾아 접속하면 된다.

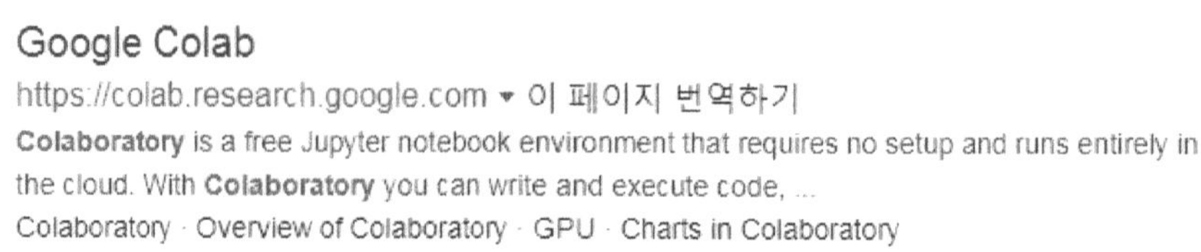

1-2. Colab 사이트 우측상단에 있는 "로그인"을 클릭한다.

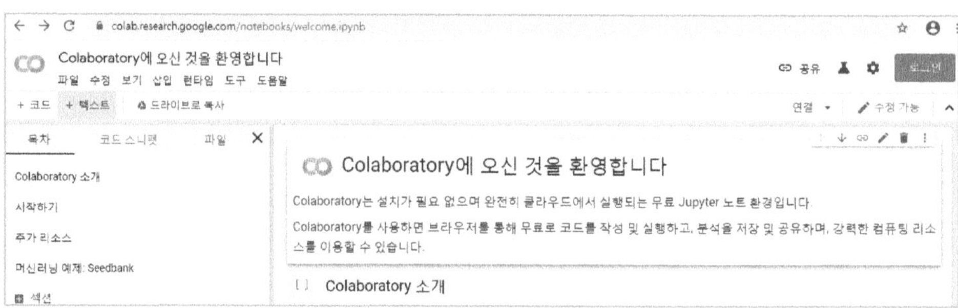

1-3. Google 계정을 사용하여 로그인한다. Google 계정이 없으면 계정을 만든 후, 아래 단계를 진행한다.

1-4. Google 계정으로 로그인하면 Colab은 다음과 같이 로그인된 Colab이 된다.

(위 1-2의 우측상단에 있던 한글 "로그인"이 기호 Ⓢ로 변경되었다.)

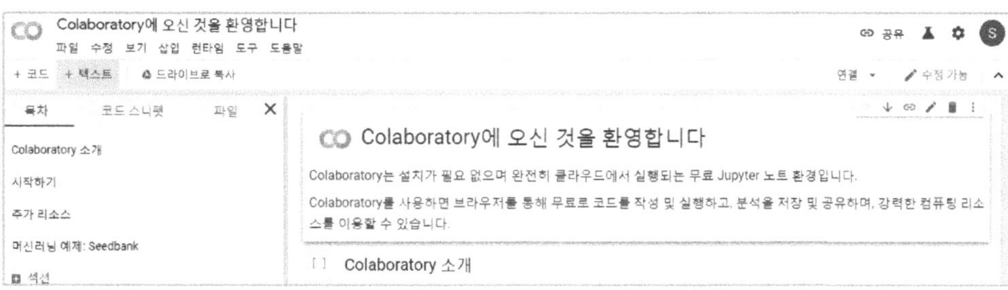

1-5. "파일"에 있는 "새 노트"를 클릭한다.

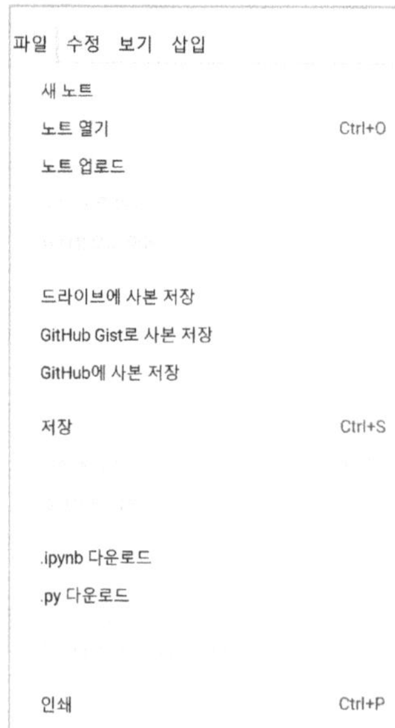

1-6. 새로운 노트가 생성되었다.

파일명은 "Untitled0"이고 확장자는 ipynb(interactive Python Notebook)이다.

파일명을 마우스 포인터로 클릭하여 "test.ipynb"로 변경한다.

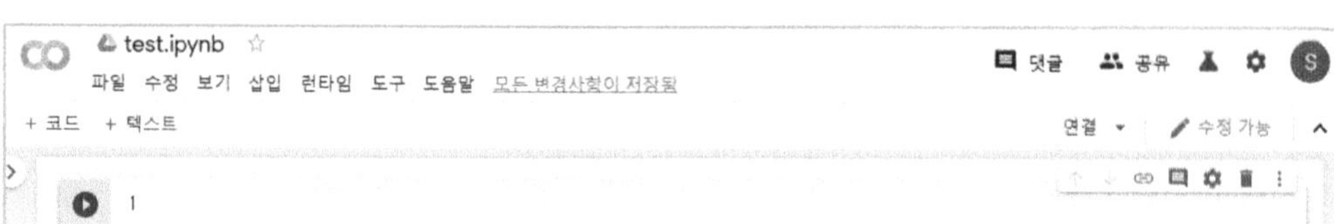

1-7. "파일"에 있는 "저장"을 클릭하여 test.ipynb를 구글 드라이브에 저장한다.

저장된 test.ipynb은 구글 드라이브(https://drive.google.com/drive/my-drive)에 있는 폴더 Colab Notebooks에 위치한다.

1-8. Colab에서 PyTorch 코드를 입력하고 실행한다.

|코드 입력|

아래와 같이 코드 편집기에 있는 숫자 1은 첫 번째 줄을 의미하고, 사용자가 입력한 숫자가 아니다. 숫자 1의 우측에 코드 print("Hello")를 입력한다. 숫자 1이 없다고 print("Hello")앞에 1을 추가하면 오류가 발생한다(아래 주의사항1 참고).

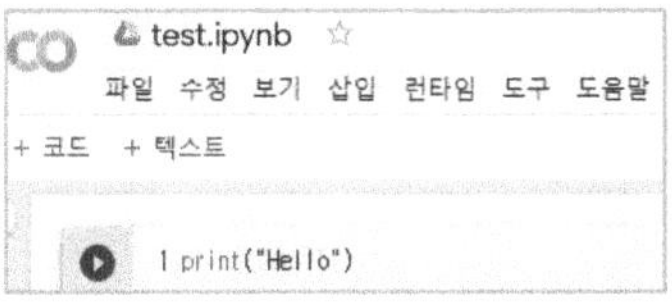

|코드 실행|

숫자 1의 좌측에 있는 검정색 원 을 클릭하면 코드가 실행되어 결과 Hello를 얻는다.

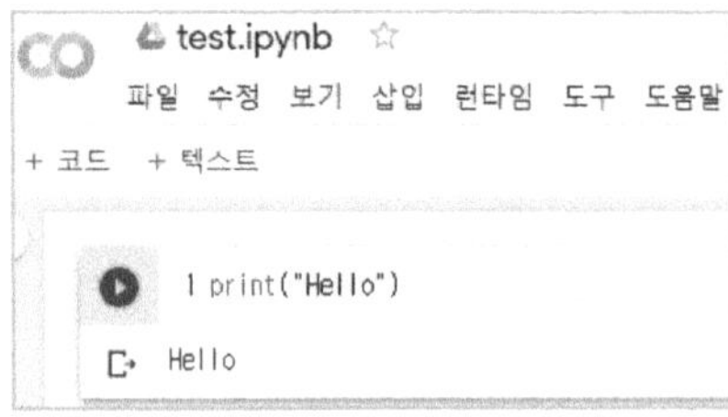

출력은 기호 의 우측에 표시된다.

|코드 설명| 숫자와 문자열

두 개 큰 따옴표로 표현된 “Hello”는 문자열(String)이라고 한다. 예를 들면, “123”은 두 개 큰 따옴표로 표현되었기 때문에 숫자 123이 아니고 문자열 123이 된다. print(“Hello”)는 두 개 큰 따옴표 안에 있는 문자 Hello를 출력하라는 명령어이다. 예를 들면, print(“123”)는 두 개 큰 따옴표 안에 있는 문자 123을 출력하라는 명령어이다. 따라서 1 + 2 = 3을 화면에 출력하는 명령어는 print(“1 + 2 = 3”) 또는 다음과 같이 할 수 있다.

```
print("1 + 2 =" , 3)
```

여기서 “1 + 2 =”는 문자열이고, 쉼표(,)는 “1 + 2 =”과 3을 구별하는 구분자이고, 3은 숫자이므로 print(“1 + 2 =” , 3)는 문자 1 + 2 = 과 숫자 3을 한 줄에 출력하라는 명령어이다. 큰 따옴표 대신 작은 따옴표를 사용해도 된다.

[주의사항1] 첫 번째 줄을 나타내는 숫자 1을 코드에 입력하면 오류발생
첫 번째 줄을 의미하는 숫자 1을 입력한 코드를 실행하면 다음과 같이 오류가 발생한다.

```
1 print("Hello")

  File "<ipython-input-1-79acc1463eef>", line 1
    1 print("Hello")
      ^
SyntaxError: invalid syntax
```

[참고1] 첫 번째 줄을 나타내는 숫자 1을 나타내는 방법

코드 편집기에 줄번호가 없으면 도구->설정->편집기에 있는 행 번호 표시를 체크하면 된다.
자세한 내용은 [부록3-1]에 있다.

Step2. Colab에서 PyTorch 신경망을 입력

위의 1-8에서 입력한 print("Hello")를 지우고 다음과 같이 PyTorch 신경망을 입력한다.

```
1 import torch
2 import torch.nn as nn
3 torch.manual_seed(1)
4 net=nn.Sequential(
5       nn.Linear(2,1),
6       nn.ReLU(),
7       nn.Linear(1,1)
8 )
```

|코드 설명|

1번째 줄: torch를 불러온다. torch가 가지고 있는 패키지와 함수를 사용한다는 의미이다.

2: torch가 가지고 있는 nn(Neural network)를 사용할 때 점(.) 표기법 torch.nn 대신 간단하게 nn을 사용한다.

3: 코드 실행 결과를 재현하기 위하여, 무작위로 배정되는 파라미터 초깃값을 고정한다. seed 번호 1에서 시작하는 난수 알고리즘을 사용하여 초깃값을 고정한다. 따라서 이 명령어로 인하여 전체 코드를 반복 실행해도 파라미터의 초깃값은 변하지 않고 고정된다.

4~8: 코드로 표현된 신경망을 그림으로 나타내면 다음과 같다.

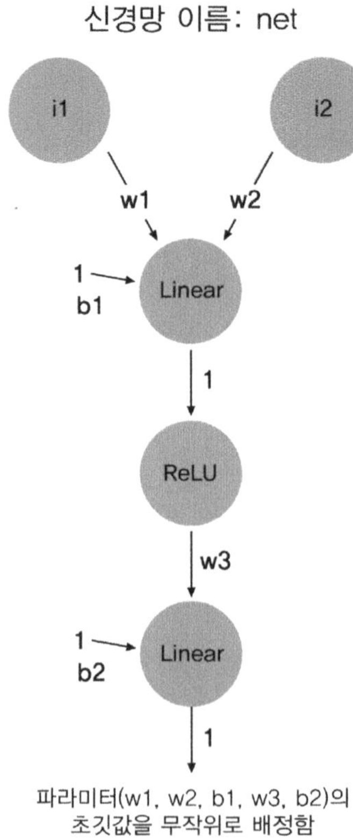

그림1. PyTorch 신경망을 그림으로 변환(제2장 참고)

5~7: 들여쓰기

이 경우는 시각적인 효과를 위하여 들여쓰기 했으므로 들여쓰기를 하지 않아도 error가 발생하지 않는다. 그러나 반드시 들여써야 하는 경우를 제6장에서 다룬다.

8: 4번째 줄 마지막에 있는 함수 Sequential의 좌측 소괄호 "(" 와 쌍을 이루는 우측 소괄호 ")" 이다.

1~8번째 줄을 실행하면 신경망이 가지고 있는 파라미터(w1, w2, b1, w3, b2)의 초깃값은 seed 번호 1(코드 3번째 줄)에서 시작하는 난수 알고리즘으로 생성된다.

Step3. PyTorch 신경망의 파라미터 초깃값 출력

3-1. Step2에서 입력한 PyTorch 신경망(코드1~8번째 줄)에 파라미터 값을 출력할 수 있는 명령어를 추가한다.

```
 1 import torch
 2 import torch.nn as nn
 3 torch.manual_seed(1)
 4 net=nn.Sequential(
 5       nn.Linear(2,1),
 6       nn.ReLU( ),
 7       nn.Linear(1,1)
 8 )
 9 params=list(net.parameters( ))
10 print (params)
```

|코드 설명|

1~8번째 줄: Step2에서 설명했다.

9: net.parameters( )
신경망 net의 파라미터 정보를 net.parameters( )으로 접근할 수 있다.

9: list(net.parameters( ))
신경망 net의 파라미터 정보를 리스트(list) 자료형으로 만든다. 아래 3-2에서 리스트(list) 자료형을 설명한다.

9: params=list(net.parameters( ))
params에 파라미터 정보를 리스트(list) 자료형으로 params에 저장한다.

10: params에 저장된 내용을 출력한다.

3-2. 위 3-1에 있는 코드를 실행(숫자 1의 좌측에 있는 검정색 원을 마우스 로 클릭)하여 파라미터 값을 출력한다.

실행 결과는 다음과 같다.

```
1 import torch
2 import torch.nn as nn
3 torch.manual_seed(1)
4 net=nn.Sequential(
5       nn.Linear (2,1),
6       nn.ReLU(),
7       nn.Linear (1,1)
8 )
9 params=list(net.parameters())
10 print (params)
```

```
[Parameter containing:
tensor([[0.3643, -0.3121]], requires_grad=True), Parameter containing:
tensor([-0.1371], requires_grad=True), Parameter containing:
tensor([[0.4694]], requires_grad=True), Parameter containing:
tensor([-0.9414], requires_grad=True)
```

|출력 설명| 기호 의 우측

다섯 줄로 적힌 출력은 아래 네 줄과 동일하다 (부록3-2 참고).

```
[ Parameter containing: tensor([[0.3643,  -0.3121]], requires_grad=True),
  Parameter containing: tensor([-0.1371], requires_grad=True),
  Parameter containing: tensor([[0.4694]], requires_grad=True),
  Parameter containing: tensor([-0.9414], requires_grad=True)  ]
```

출력 내용 전체는 하나의 대괄호 [ ]로 묶여 있고 [ ] 안에는 4개 요소가 순차적으로 적혀 있다.

[0번째 요소, 1번째 요소, 2번째 요소, 3번째 요소]

여기서 요소 번호는 0번째 요소와 같이 0부터 시작한다. 각 요소를 적으면 다음과 같다.

```
0번째: Parameter containing: tensor([[0.3643, -0.3121]], requires_grad=True)
1번째: Parameter containing: tensor([-0.1371], requires_grad=True)
2번째: Parameter containing: tensor([[0.4694]], requires_grad=True)
3번째: Parameter containing: tensor([-0.9414], requires_grad=True)
```

3-2-1. 출력은 리스트 자료형

[ ] 안에 있는 요소의 순서를 쉼표로 구별한 자료를 “리스트” (list) 자료형이라고 한다.

[0번째 요소, 1번째 요소, … , n번째 요소]

예를 들면, [0.3643, -0.3121]는 2개 요소(0번째 요소는 0.3643, 1번째 요소는 -0.3121)을 가진 리스트이다. [[0.3643, -0.3121]]는 1개 요소 [0.3643, -0.3121]을 가지고 이 요소도 리스트 자료형이고 2개 요소를 가진다.

3-2-2. 출력에 있는 숫자와 파라미터의 대응 관계

그림1에 있는 파라미터는 5개(w1, w2, b1, w3, b2)이고 파라미터 출력에 있는 숫자도 5개(0.3643, -0.3121, -0.1371, 0.4694, -0.9414)이다. 아래 그림과 같이 PyTorch는 입력층에 가까운 Linear 노드를 기준으로 가중치와 편향치를 따로 묶어서 출력한다.

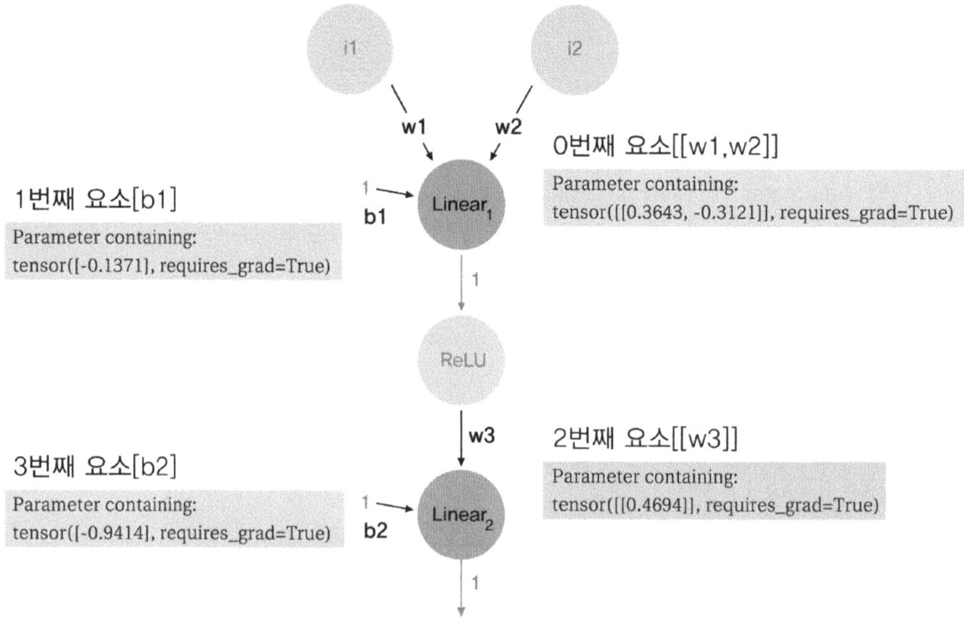

파라미터 출력에 있는 5개 숫자와 그림에서 있는 5개 파라미터(w1, w2, b1, w3, b2)의 대응 관계를 알아보자.

그림1에서 0번째 선형 연결에 사용된 노드는 Linear1 노드이다. Linear1에 직접 영향을 주는 가중치는 w1, w2이므로 파라미터 출력의 0번째 요소에 있는 2개 숫자는 tensor([[w1, w2]])가 된다. Linear1 노드에 영향을 주는 편향치는 b1이므로 파라미터 출력의 1번째 요소에 있는 1개 숫자는 tensor([b1])가 된다.

그림1에서 1번째 선형 연결에 사용된 노드는 Linear2이다. Linear2 노드에 영향을 주는 가중치 w3는 tensor([[w3]])로 출력되고, 편향치 b2는 tensor([b2])로 출력된다. 이러한 대응 관계를 표로 정리하면 다음과 같다.

Linear연결	Linear 노드	파라미터 종류	파라미터 문자	요소 위치: 파라미터의 자료형과 값
0번째	Linear1 노드	가중치	[[w1, w2]]	0번째: tensor([[0.3643, -0.3121]])
		편향치	[b1]	1번째: tensor([-0.1371])
1번째	Linear2 노드	가중치	[[w3]]	2번째: tensor([[0.4694]])
		편향치	[b2]	3번째: tensor([-0.9414])

출력 요소에 사용된 용어의 의미를 살펴보자.

0번째 요소: Parameter containing: tensor([[0.3643, -0.3121]], requires_grad=True)

Parameter: w1, w2를 의미한다.

tensor(텐서): PyTorch에서 데이터를 담는 자료형이다. tensor는 중앙 처리 장치(Central processing unit, CPU)에서 처리할 수도 있고 그래픽 처리 장치(Graphics processing unit, GPU)의 병렬 연산 능력을 활용할 수 있도록 디자인된 데이터 구조를 가진다.

tensor([[0.3643, -0.3121]]): w1은 tensor이고 값은 0.3643, w2도 tensor이고 값은 -0.3121이다. tensor를 생략하고 간단히 w1=0.3643, w2=-0.3121로도 나타내겠다.

requires_grad=True: 신경망 출력이 원하는 값을 가지도록 파라미터 초깃값을 업데이트할 목적으로 사용하는 함수(목적함수라고 함)을 w1과 w2에 대하여 그레디언트(gradient)를 요구한다(requires)는 의미이다.

나머지 요소의 의미는 다음과 같다.

1번째 요소: Parameter containing: tensor([-0.1371], requires_grad=True)
여기서 Parameter는 b1을 의미하고 b1=-0.1371이다.

2번째 요소: Parameter containing: tensor([[0.4694]], requires_grad=True)
여기서 Parameter는 w3를 의미하고 w3=0.4694 이다.

3번째 요소: Parameter containing: tensor([-0.9414], requires_grad=True)
여기서 Parameter는 b2를 의미하고 b2=-0.9414 이다.

파라미터 값을 그림에 나타내면 다음과 같다(부록3-3 참고).

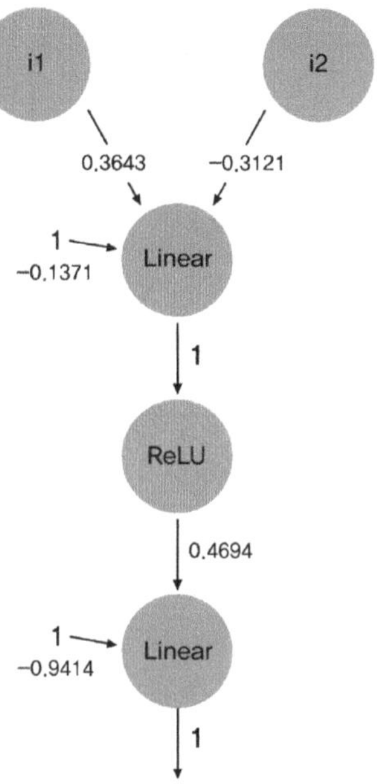

가중치와 편향치의 출력 형태를 좀 더 이해하기 위하여 다음 예제를 살펴보자.

예제1. 다음과 같이 2개 입력노드, 2개 출력노드, 은닉층은 없는 신경망이 있다.

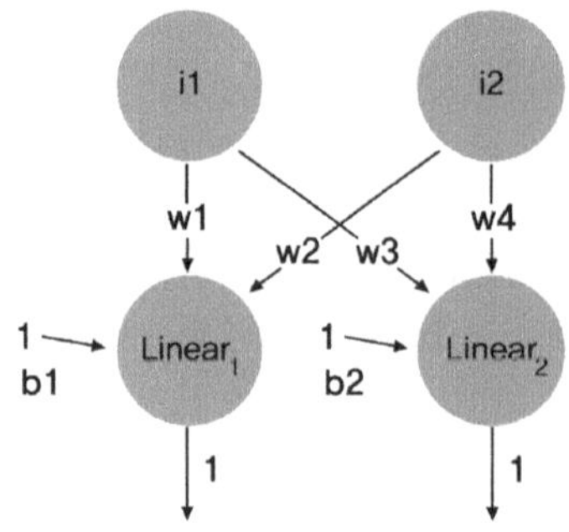

신경망 그림을 PyTorch 신경망으로 만들어 실행하면 다음과 같은 출력을 얻는다.

```python
import torch
import torch.nn as nn
torch.manual_seed(1)
net=nn.Linear(2,2)
params=list(net.parameters())
print (params)
```

```
[Parameter containing:
tensor([[0.3643, -0.3121],
        [-0.1371, 0.3319]], requires_grad=True), Parameter containing:
tensor([-0.6657, 0.4241], requires_grad=True)]
```

출력은 두 개 요소를 가진다.

0번째: Parameter containing: tensor([[0.3643, -0.3121], [-0.1371, 0.3319]], requires_grad=True)
1번째: Parameter containing: tensor([-0.6657, 0.4241], requires_grad=True)

출력에 있는 6개 숫자와 신경망 그림에 있는 6개 파라미터(w1, w2, w3, w4, b1, b2)의 대응 관계를 알아보자. 신경망 그림에서 0번째 선형 연결에 사용된 노드는 Linear1과 Linear2 노드이다. Linear1 노드에 영향을 주는 가중치는 [w1, w2]이고 Linear2 노드는 가중치 [w3, w4]이므로 파라미터 출력의 0번째 요소에 있는 4개 숫자는 [[w1, w2], [w3, w4]]가 된다.

Linear1, Linear2 노드에 각각 영향을 주는 편향치는 b1, b2이므로 출력의 1번째 요소에 있는 2개 숫자는 [b1, b2]가 된다. 이러한 대응 관계를 표로 정리하면 다음과 같다.

Linear연결	Linear 노드	파라미터 종류	파라미터 문자	요소 위치: 파라미터의 자료형과 값
0번째	Linear1 노드 Linear2 노드	가중치	[[w1, w2], [w3, w4]]	0번째: tensor([[0.3643,-0.3121], [-0.1371, 0.3319]])
		편향치	[b1, b2]	1번째: tensor([-0.6657, 0.4241])

따라서 [[w1, w2], [w3, w4]]=[[0.3643, -0.3121], [-0.1371, 0.3319]]이고 [b1, b2]=[-0.6657, 0.4241] 이다. 파라미터 값을 그림에 나타내면 다음과 같다(부록3-4 참고).

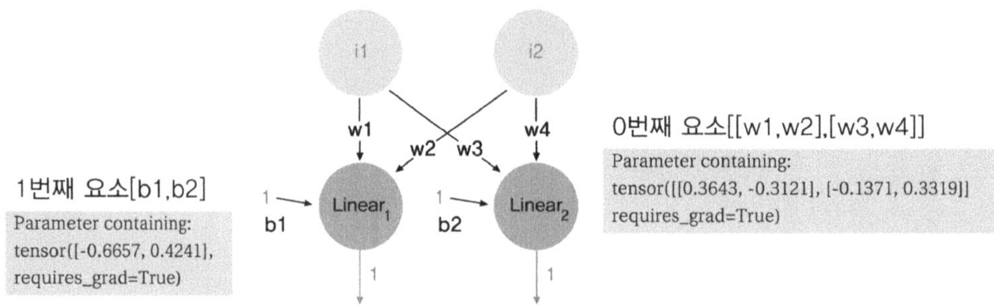

[참고2] tensor를 만드는 방법

PyTorch에서 tensor 자료형은 파이썬 리스트 자료형으로부터 만들 수 있다.

[주의사항2] 요소 번호는 0부터 시작

파이썬에서 리스트 자료형이 가지는 요소의 위치(인덱스)는 0부터 시작한다.

[참고3] 파라미터를 리스트로 묶는 원칙

가중치와 편향치를 구별하여 각각을 묶는 원칙은 제4장에서 다룬다.

[부록3-1] 코드 편집기에 줄번호가 없으면 다음과 같이 도구->설정->편집기에 있는 행 번호 표시를 체크하면 된다.

(1) 도구에 있는 설정을 클릭한다.

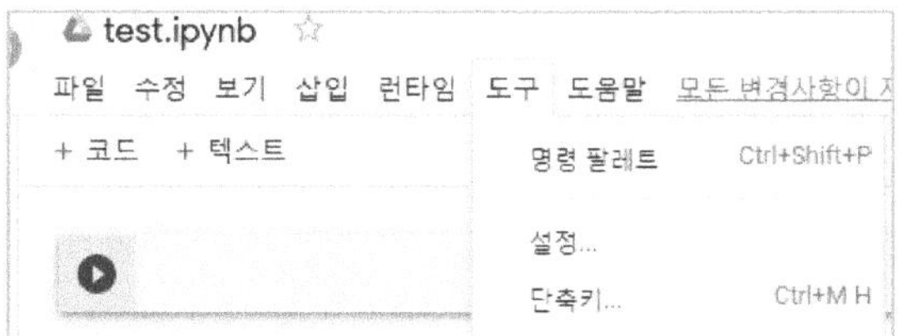

(2) 편집기를 클릭한다.

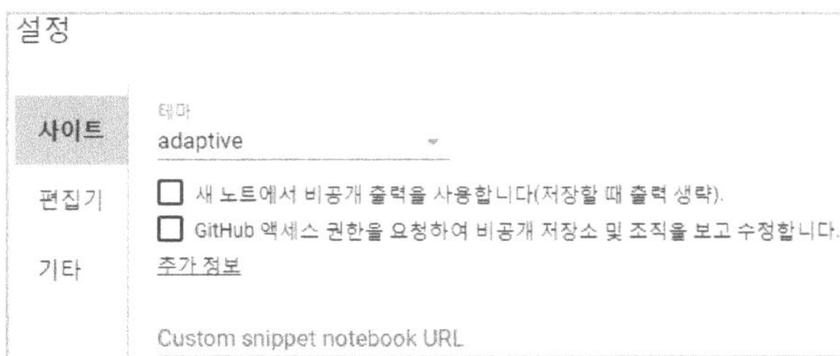

(3) 행 번호 표시의 좌측 박스에 체크표시를 한다.

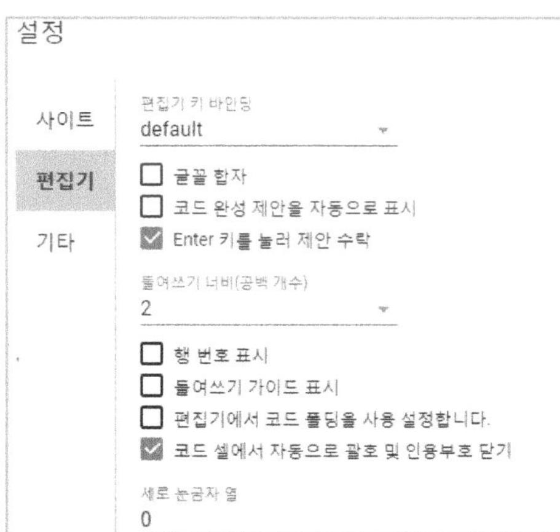

(4) 우측 하단에 있는 저장을 클릭한다.

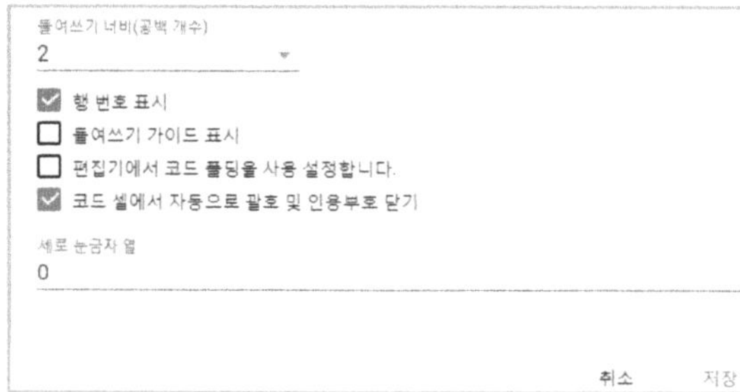

(5) 다음과 같이 코드 편집기에 첫 번째 줄을 의미하는 숫자 1이 나타난다.

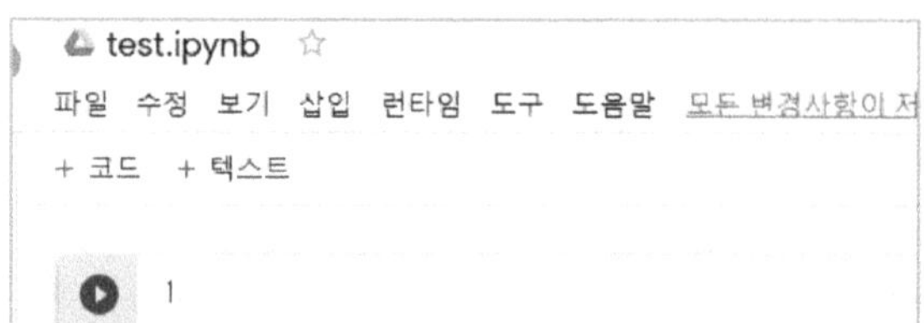

[부록3-2] 파라미터 출력은 순서가 있는 요소로 만들어진다.

출력

```
[Parameter containing:
tensor([[0.3643, -0.3121]], requires_grad=True), Parameter containing:
tensor([-0.1371], requires_grad=True), Parameter containing:
tensor([[0.4694]], requires_grad=True), Parameter containing:
tensor([-0.9414], requires_grad=True)
```

출력 = [0번째 요소, 1번째 요소, 2번째 요소, 3번째 요소]

0번째 요소	Parameter containing: tensor([[0.3643, -0.3121]], requires_grad=True)
1번째 요소	Parameter containing: tensor([-0.1371], requires_grad=True)
2번째 요소	Parameter containing: tensor([[0.4694]], requires_grad=True)
3번째 요소	Parameter containing: tensor([-0.9414], requires_grad=True)

[부록3-3] 파라미터 출력에서 파라미터 값을 찾기

```
import torch
import torch.nn as nn
torch.manual_seed(1)
net=nn.Sequential(
      nn.Linear (2,1),
      nn.ReLU(),
      nn.Linear (1,1)
)
params=list(net.parameters())
print (params)
```

```
[Parameter containing:
tensor([[0.3643, -0.3121]], requires_grad=True), Parameter containing:
tensor([-0.1371], requires_grad=True), Parameter containing:
tensor([[0.4694]], requires_grad=True), Parameter containing:
tensor([-0.9414], requires_grad=True)
```

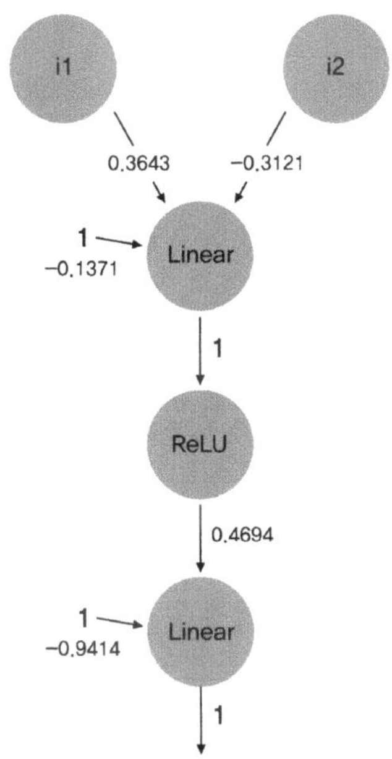

[부록3-4] 파라미터 출력에서 파라미터 값을 찾기

```
import torch
import torch.nn as nn
torch.manual_seed(1)
net=nn.Linear(2,2)
params=list(net.parameters())
print (params)
```

```
[Parameter containing:
tensor([[0.3643, -0.3121],
        [-0.1371, 0.3319]], requires_grad=True), Parameter containing:
tensor([-0.6657, 0.4241], requires_grad=True)]
```

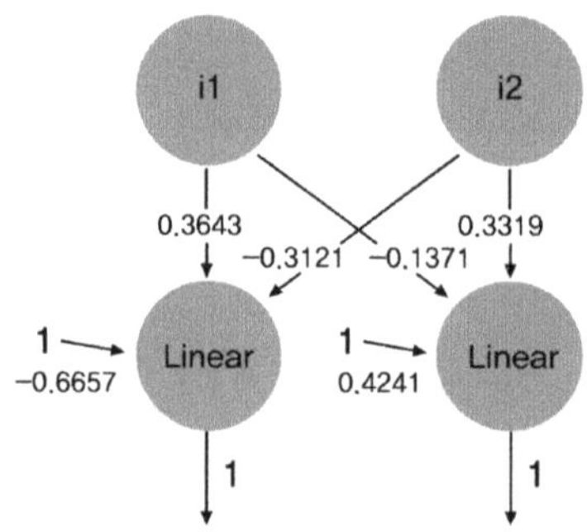

연습문제

1~3. 다음과 같이 신경망 그림과 파라미터 출력이 주어졌다. 각 가중치와 편향치의 초깃값을 적으시오.

1.

```
import torch
import torch.nn as nn
torch.manual_seed(1)
net=nn.Sequential(
      nn.Linear(2,3),
      nn.ReLU(),
      nn.Linear(3,1)
)
print(list(net.parameters()))
```

```
[Parameter containing:
tensor([[0.3643, -0.3121],
        [-0.1371, 0.3319],
        [-0.6657, 0.4241]], requires_grad=True), Parameter containing:
tensor([-0.1455, 0.3597, 0.0983], requires_grad=True), Parameter containing:
tensor([[-0.0707, 0.1601, 0.0285]], requires_grad=True), Parameter containing:
tensor([0.2109], requires_grad=True)]
```

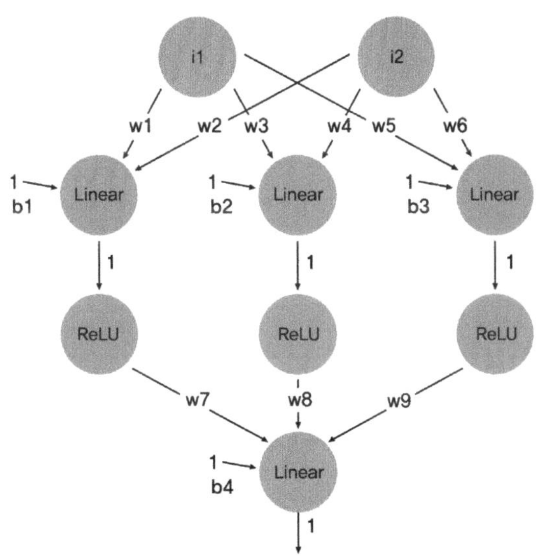

2.

```
import torch
import torch.nn as nn
torch.manual_seed(1)
net=nn.Sequential(
      nn.Linear (1,3),
      nn.ReLU( ),
      nn.Linear (3,2)
)
print(list(net.parameters( )))
```

```
[Parameter containing:
tensor([[ 0.5153],
        [-0.4414],
        [-0.1939]], requires_grad=True), Parameter containing:
tensor([ 0.4694, -0.9414, 0.5997], requires_grad=True), Parameter containing:
tensor([[-0.1188, 0.2937, 0.0803],
        [-0.0707, 0.1601, 0.0285]], requires_grad=True), Parameter containing:
tensor([0.2109, -0.2250], requires_grad=True)]
```

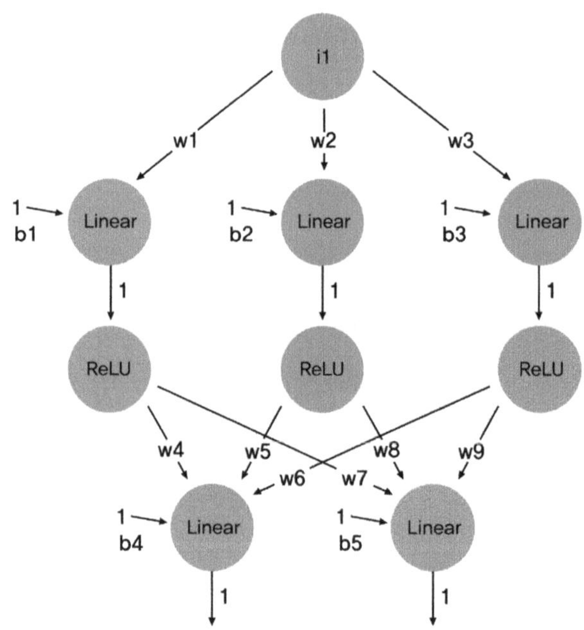

3.

```
import torch
import torch.nn as nn
torch.manual_seed(1)
net=nn.Sequential(
      nn.Linear(2,3),
      nn.Linear(3,2),
      nn.ReLU(),
      nn.Linear(2,3)
)
params=list(net.parameters())
print (params)
```

```
[Parameter containing:
tensor([[0.3643, -0.3121],
        [-0.1371, 0.3319],
        [-0.6657, 0.4241]],requires_grad=True), Parameter containing:
tensor([-0.1455, 0.3597, 0.0983], requires_grad=True), Parameter containing:
tensor([[-0.0707, 0.1601, 0.0285],
        [0.2109, -0.2250, -0.0421]], requires_grad=True), Parameter containing:
tensor([-0.0520, 0.0837], requires_grad=True), Parameter containing:
tensor([[-0.0028, 0.6181],
        [0.2200, -0.2633],
        [-0.4271, -0.1185]],requires_grad=True), Parameter containing:
tensor([-0.3050, -0.2266, 0.0339], requires_grad=True)]
```

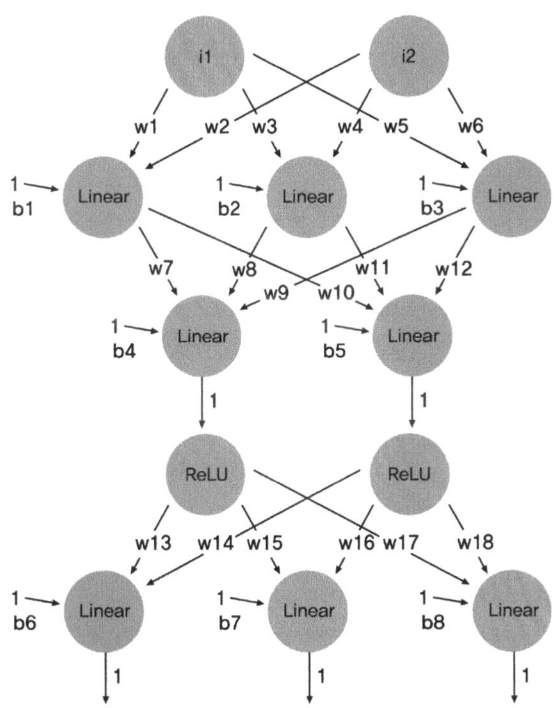

제4장 신경망 파라미터의 값

PyTorch 신경망의 각각의 파라미터에 접근하는 명령어를 이해하기 위해서 먼저 모든 파라미터 값의 출력이 주어졌을 때, 출력의 요소에 접근하는 명령어를 알아보자(PART I). 그 다음에 PyTorch가 파라미터를 출력하기 위하여 가중치와 편향치를 리스트로 묶는 원칙을 알아보자(PART II). 마지막으로 파라미터를 리스트로 묶는 원칙과 리스트 요소에 접근하는 명령어를 사용하여 신경망 그림에 있는 파라미터의 값에 접근할 수 있는 명령어를 알아보자(PART III).

PART I. 출력된 파라미터 값에 접근하는 명령어

다음과 같이 신경망 net(아래 코드 2번째 줄)의 파라미터 정보 net.parameters( )를 리스트 자료형 list(net.parameters( ))으로 만들어 params에 저장했다(코드 3번째 줄). params 출력(코드 4번째 줄)의 각 요소에 접근하는 명령어를 알아보자.

```
1 import torch; import torch.nn as nn; torch.manual_seed(1)
2 net=nn.Linear(2,2)
3 params=list(net.parameters())
4 print (params)
```

```
[Parameter containing:
tensor([[0.3643, -0.3121]
        [-0.1371, 0.3319]], requires_grad=True), Parameter containing:
tensor([-0.6657, 0.4241], requires_grad=True)]
```

제3장에서 다룬 것과 같이 파라미터 출력 print(params)를 요소로 구별하면 다음과 같다.

params의 0번째 요소: Parameter containing: tensor([[0.3643, -0.3121],
[-0.1371, 0.3319]], requires_grad=True)
params의 1번째 요소: Parameter containing: tensor([-0.6657, 0.4241],
requires_grad=True)

params의 0번째 요소에 접근하는 명령어를 알아보자.

1. params의 0번째 요소는 params[0]으로 접근한다.

```
params[0] = Parameter containing: tensor([[0.3643, -0.3121],
            [-0.1371, 0.3319]], requires_grad=True)
```

1-1. params[0]에서 "Parameter containing"과 "requires_grad=True"를 제외한 숫자(data)는 params[0].data 으로 접근한다.

```
params[0].data = tensor([[0.3643, -0.3121], [-0.1371, 0.3319]])
```

앞으로 편의상 tensor를 생략하고 다음과 같이 리스트 자료형으로 나타낸다.

```
params[0].data = [[0.3643, -0.3121], [-0.1371, 0.3319]]
```

여기서 [0.3643, -0.3121]는 params[0].data의 0번째 요소가 되고 [-0.1371, 0.3319]는 params[0].data의 1번째 요소가 된다.

1-1-1. params[0].data의 0번째와 1번째 요소는 각각 params[0].data[0]과 params[0].data[1]으로 접근한다.

```
params[0].data[0] = [0.3643, -0.3121]
params[0].data[1] = [-0.1371, 0.3319]
```

여기서 params[0].data[0]이 가지는 0번째와 1번째 요소는 각각 params[0].data[0][0]과 params[0].data[0][1]로 접근하고, params[0].data[1]이 가지는 0번째와 1번째 요소는 각각 params[0].data[1][0]과 params[0].data[1][1]로 접근한다.

```
params[0].data[0][0] = 0.3643
params[0].data[0][1] = -0.3121
params[0].data[1][0] = -0.1371
params[0].data[1][1] = 0.3319
```

2. params의 0번째 요소와 마찬가지로 다음과 같이 params의 1번째 요소에 접근한다.

```
params[1] = Parameter containing: tensor([-0.6657, 0.4241],
            requires_grad=True)
params[1].data = [-0.6657, 0.4241]
params[1].data[0] = -0.6657
params[1].data[1] = 0.4241
```

아래 코드로 위 내용이 성립함을 알 수 있다. 예를 들면, 아래 코드 5번째 줄 params[0]에 있는 데이터 [[0.3643, -0.3121], [-0.1371, 0.3319]]는 6번째 줄 print ("params[0].data =", params[0].data)를 실행하면 얻게 된다. 여기서 params[0].data에 있는 숫자 0을 인덱스(index)라고 한다(참고1). 또한 params[인덱스].data의 요소는 params[인덱스].data[인덱스] 또는 params[인덱스].data[인덱스][인덱스]로 접근할 수 있음을 알 수 있다. 12번째 줄 print( )를 실행하면 빈 줄이 출력된다.

```
1 import torch; import torch.nn as nn; torch.manual_seed(1)
2 net=nn.Linear (2,2)
3 params=list(net.parameters())
4
5 print ("params[0]=", params[0])
6 print ("params[0].data=", params[0].data)
7 print ("params[0].data[0]=", params[0].data[0])
8 print ("params[0].data[0][0]=", params[0].data[0][0])
9 print ("params[0].data[0][1]=", params[0].data[0][1])
10 print ("params[0].data[1]=", params[0].data[1])
11 print ("params[0].data[1][0]=", params[0].data[1][0])
12 print ("params[0].data[1][1]=", params[0].data[1][1]);print()
13
14 print ("params[1]=", params[1])
15 print ("params[1].data=", params[1].data)
16 print ("params[1].data[0]=", params[1].data[0])
17 print ("params[1].data[1]=", params[1].data[1])
```

```
params[0]= parameter containing:
tensor([[0.3643, -0.3121],
        [-0.1371, 0.3319]], requires_grad=True)
params[0].data= tensor([[0.3643, -0.3121],
        [-0.1371, 0.3319]])
```

```
params[0].data[0]= tensor([0.3643, -0.3121])
params[0].data[0][0]= tensor(0.3643)
params[0].data[0][1]= tensor(-0.3121)
params[0].data[1]= tensor([-0.1371, 0.3319])
params[0].data[1][0]= tensor(-0.1371)
params[0].data[1][1]= tensor(0.3319)

params[1]= Parameter containing:
tensor([-0.6657, 0.4241], requires_grad=True)
params[1].data= tensor([-0.6657, 0.4241])
params[1].data[0]= tensor(-0.6657)
params[1].data[1]= tensor(0.4241)
```

[참고1] 인덱스

params[숫자], params[숫자].data, params[숫자].data[숫자], params[숫자].data[숫자][숫자]에서 숫자를 인덱스(index)라고 한다.

PART II. PyTorch가 가중치와 편향치를 묶는 원칙

PyTorch는 파라미터 값을 묶어서 출력하기 때문에 신경망 그림에 있는 각각의 파라미터에 접근하기 위해서는 PyTorch가 파라미터를 묶는 원칙을 이해해야 한다. 이런 원칙을 아래 그림으로 알아보자.

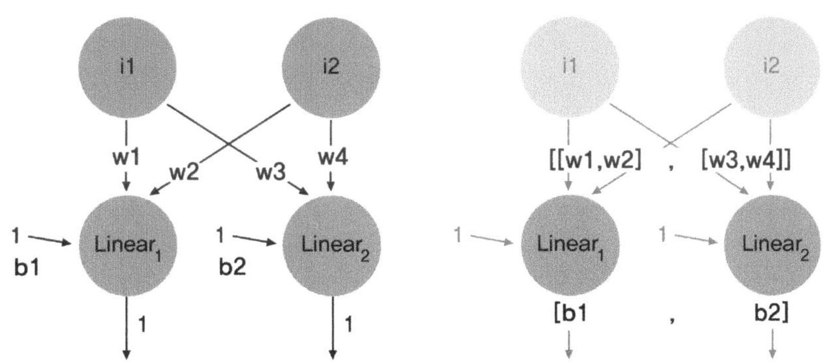

그림1. 가중치와 편향치를 묶는 원칙

[가중치 묶는 원칙1] 각 노드에 영향을 주는 가중치들을 하나의 리스트로 묶는다.

예제1-1. 그림1에서 Linear1 노드에 영향을 주는 가중치는 w1, w2이므로 하나의 리스트 [w1, w2]로 묶는다.

예제1-2. 그림1에서 Linear2 노드에 영향을 주는 가중치는 w3, w4이므로 하나의 리스트 [w3, w4]로 묶는다.

[가중치 묶는 원칙2] 동일 층에 k개 노드가 있을 때, k개 노드에 영향을 주는 가중치는 [가중치 묶는 원칙1]에 의하여 k개 리스트로 분할된다. 이런 k개 리스트를 하나의 리스트로 묶는다.

예제2. 그림1에서 신경망 2층에 2개 노드 Linear1과 Linear2가 있고 이들 2개 노드에 영향을 주는 가중치 w1, w2, w3, w4는 [가중치 묶는 원칙1]에 의하여 2개 리스트 [w1, w2]와 [w3, w4]로 분할된다. 이런 2개 리스트를 하나의 리스트로 묶으면 [[w1, w2], [w3, w4]]가 된다.

[편향치 묶는 원칙] 동일 층에 있는 노드에 영향을 주는 모든 편향치는 하나의 리스트로 묶는다.

예제3. 2층에 있는 노드에 영향을 주는 편향치는 b1과 b2이므로 b1과 b2를 하나의 리스트 [b1, b2]로 묶는다.

예제4. 신경망 그림2-(1)의 가중치와 편향치를 묶으면 그림2-(2)가 되다.

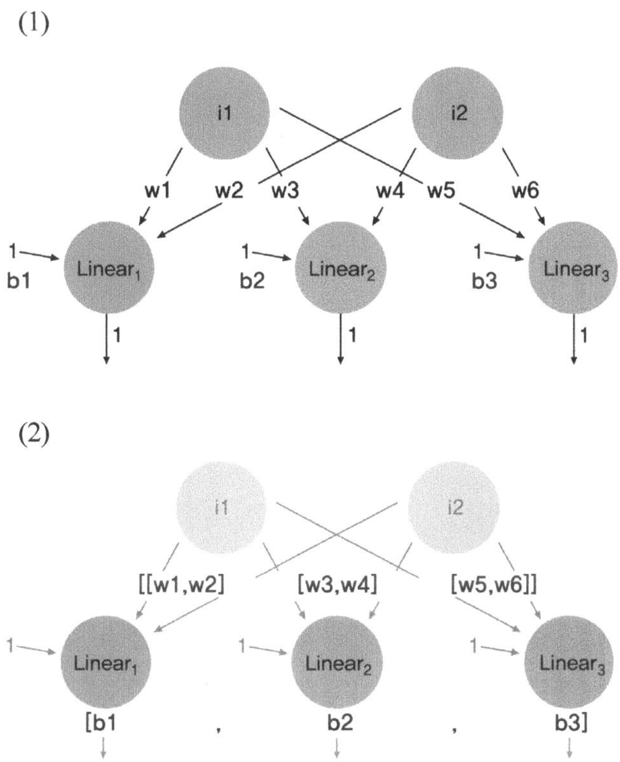

그림2. 가중치와 편향치를 묶는 원칙

단계별로 설명하면 다음과 같다.

제1단계. [가중치 묶는 원칙1]에 의하여 Linear1에 영향을 주는 가중치 w1, w2를 하나의 리스트 [w1, w2]로 묶는다. 마찬가지로 Linear2와 Linear3에 영향을 주는 가중치를 각각 [w3, w4]과 [w5, w6]로 묶는다.

제2단계. [가중치 묶는 원칙2]에 의하여 [가중치 묶는 원칙1]에서 만든 각 리스트 [w1, w2], [w3, w4], [w5, w6]를 하나의 리스트 [[w1, w2], [w3, w4], [w5, w6]]로 묶는다.

제3단계. [편향치 묶는 원칙]에 의하여 2층의 각 노드에 영향을 주는 편향치 b1, b2, b3를 하나의 리스트 [b1, b2, b3]로 묶는다.

따라서 2층의 노드에 영향을 주는 가중치는 리스트 [[w1, w2], [w3, w4], [w5, w6]]로 묶고, 편향치는 리스트 [b1, b2, b3]로 묶는다.

예제5. 신경망 그림3-(1)의 가중치와 편향치를 묶으면 그림3-(2)가 되다.

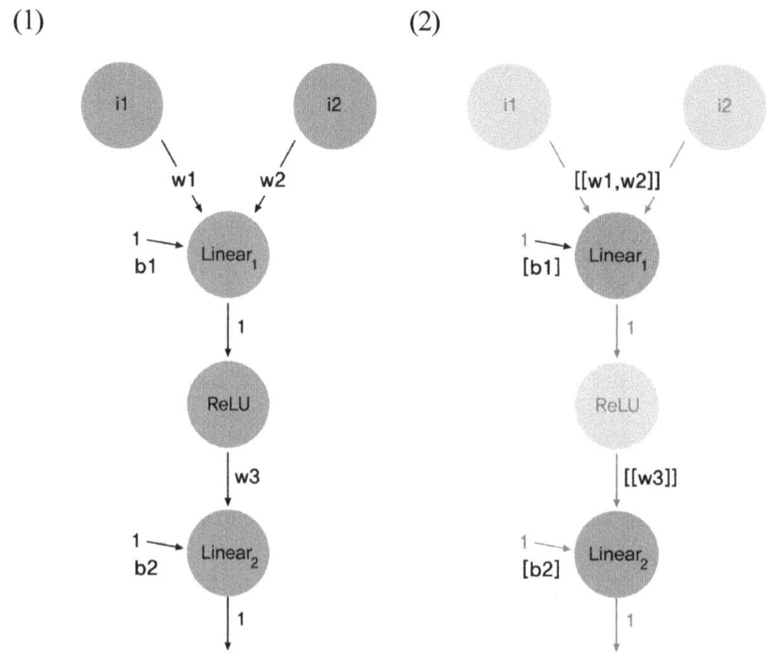

그림3. 가중치와 편향치를 묶는 원칙

단계별로 설명하면 다음과 같다.

제1단계. [가중치 묶는 원칙1]에 의하여 Linear1에 영향을 주는 가중치 w1, w2를 하나의 리스트 [w1, w2]로 묶는다.

제2단계. [가중치 묶는 원칙2]에 의하여 [가중치 묶는 원칙1]에서 만든 리스트 [w1, w2]를 하나의 리스트 [[w1, w2]]로 묶는다.

제3단계. [편향치 묶는 원칙]에 의하여 2층의 각 노드에 영향을 주는 편향치 b1을 하나의 리스트 [b1]으로 묶는다.

제4단계. [가중치 묶는 원칙1]에 의하여 Linear2에 영향을 주는 가중치 w3를 하나의 리스트 [w3]로 묶는다.

제5단계. [가중치 묶는 원칙2]에 의하여 [가중치 묶는 원칙1]에서 만든 리스트 [w3]를 하나의 리스트 [[w3]]로 묶는다.

제6단계. [편향치 묶는 원칙]에 의하여 4층의 각 노드에 영향을 주는 편향치 b2

를 하나의 리스트 [b2]로 묶는다.

따라서 가중치와 편향치를 다음과 같이 묶는다.

[[w1, w2]], [b1], [[w3]], [b2]

PART III. 신경망 그림에 있는 파라미터에 접근하는 명령어

신경망 그림에 파라미터가 주어졌을 때, [가중치 묶는 원칙1, 2]와 [편향치 묶는 원칙]을 적용하여 파라미터를 리스트로 묶은 후, 리스트의 요소에 접근하는 명령어를 사용하여 각 파라미터에 접근하는 명령어를 알아보자.

1. 파라미터를 묶는 순서와 요소

입력층에 가까운 층부터 [가중치 묶는 원칙1, 2]와 [편향치 묶는 원칙]을 적용하여 가중치 묶음, 편향치 묶음, 가중치 묶음, 편향치 묶음, … 과 같은 순서로 파라미터를 묶고 각 순서를 0번째 요소, 1번째 요소, … 라고 하자. 예를 들면, 그림1에서 파라미터를 묶는 순서가 [[w1, w2], [w3, w4]], [b1, b2] 이므로

[[w1, w2], [w3, w4]] = 파라미터의 0번째 요소
[b1, b2] = 파라미터의 1번째 요소

가 된다. 그림2에서 파라미터를 묶는 순서가 [[w1, w2], [w3, w4], [w5, w6]], [b1, b2, b3]이므로 각 요소는 다음과 같다.

[[w1, w2], [w3, w4], [w5, w6]] = 파라미터의 0번째 요소
[b1, b2, b3] = 파라미터의 1번째 요소

그림3에서 파라미터를 묶는 순서가 [[w1, w2]], [b1], [[w3]], [b2]이므로 각 요소는 다음과 같다.

```
[[w1, w2]] = 파라미터의 0번째 요소
[b1]       = 파라미터의 1번째 요소
[[w3]]     = 파라미터의 2번째 요소
[b2]       = 파라미터의 3번째 요소
```

2. 그림에 있는 파라미터에 접근하는 명령어

파라미터 값은 특정 요소에 있으므로 PART I에서 사용한 명령어로 각 파라미터의 값에 접근할 수 있다. 예를 들면, 그림1에 있는 신경망 net에서 [[w1, w2], [w3, w4]]=파라미터의 0번째 요소이므로 [[w1, w2], [w3, w4]]는 다음과 같이 접근할 수 있다.

```
params[0].data
```

여기서 params=list(net.parameters( ))이고 params[0].data는 params[0]에 있는 숫자만 추출하는 명령어이다 (PART I에서 설명). 즉, 파라미터가 묶이는 순서를 알고 이를 요소로 표현하면 다음과 같이 파라미터에 접근할 수 있다.

- [w1, w2]는 파라미터의 0번째 요소 [[w1, w2], [w3, w4]]에 있는 0번째 요소이므로 params[0].data[0]로 접근할 수 있다.
- [w3, w4]는 파라미터의 0번째 요소 [[w1, w2], [w3, w4]]에 있는 1번째 요소이므로 params[0].data[1]로 접근할 수 있다.
- w1는 파라미터의 0번째 요소에 있는 0번째 요소 [w1, w2]의 0번째 요소이므로 params[0].data[0][0]로 접근할 수 있다.
- w2는 파라미터의 0번째 요소에 있는 0번째 요소 [w1, w2]의 1번째 요소이므로 params[0].data[0][1]로 접근할 수 있다.
- w3는 파라미터의 0번째 요소에 있는 1번째 요소 [w3, w4]의 0번째 요소이므로 params[0].data[1][0]로 접근할 수 있다.
- w4는 파라미터의 0번째 요소에 있는 1번째 요소 [w3, w4]의 1번째 요소이므로 params[0].data[1][1]로 접근할 수 있다.

마찬가지로 [b1, b2]=파라미터의 1번째 요소이므로, b1과 b2는 다음과 같이 접근할 수 있다.

- b1는 파라미터의 1번째 요소 [b1, b2]에 있는 0번째 요소이므로 params[1].data[0]로 접근할 수 있다.
- b2는 파라미터의 1번째 요소 [b1, b2]에 있는 1번째 요소이므로 params[1].data[1]로 접근할 수 있다.

코드로 확인하면 다음과 같다.

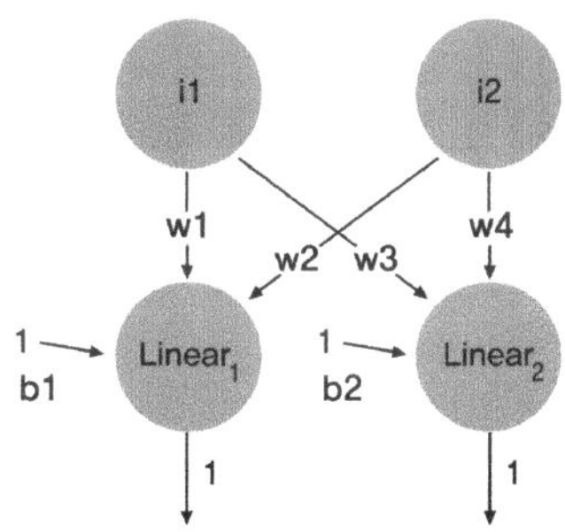


```
import torch
import torch.nn as nn
torch.manual_seed(1)
net=nn.Linear(2,2)
params=list(net.parameters( ))

print ("[[w1, w2], [w3, w4]]=", params[0].data)
print ("[w1, w2]=", params[0].data[0])
print ("w1=", params[0].data[0][0])
print ("w2=", params[0].data[0][1])
print ("[w3, w4]=", params[0].data[1])
print ("w3=", params[0].data[1][0])
print ("w4=", params[0].data[1][1])
print ()
print ("[b1, b2]=", params[1].data)
print ("b1=", params[1].data[0])
print ("b2=", params[1].data[1])
```

```
[[w1, w2], [w3, w4]]= tensor([[0.3643, -0.3121],
        [-0.1371, 0.3319]])
[w1, w2]= tensor([0.3643, -0.3121])
w1= tensor(0.3643)
w2= tensor(-0.3121)
[w3, w4]= tensor([-0.1371, 0.3319])
w3= tensor(-0.1371)
w4= tensor(0.3319)

[b1, b2]= tensor([-0.6657, 0.4241])
b1= tensor(-0.6657)
b2= tensor(0.4241)
```

예제6. 그림3 신경망 파라미터에 접근하는 명령어는 다음과 같다.

[[w1, w2]]는 파라미터의 0번째 요소이므로 params[0].data로 접근할 수 있다.

- w1는 파라미터의 0번째 요소에 있는 0번째 요소 [w1, w2]의 0번째 요소이므로 params[0].data[0][0]로 접근할 수 있다.
- w2는 파라미터의 0번째 요소에 있는 0번째 요소 [w1, w2]의 1번째 요소이므로 params[0].data[0][1]로 접근할 수 있다.

[b1]는 파라미터의 1번째 요소이므로 params[1].data로 접근할 수 있다.

- b1는 파라미터의 1번째 요소에 있는 0번째 요소이므로 params[1].data[0]로 접근할 수 있다.

[[w3]]는 파라미터의 2번째 요소이므로 params[2].data로 접근할 수 있다.

- w3는 파라미터의 2번째 요소에 있는 0번째 요소 [w3]의 0번째 요소이므로 params[2].data[0][0]로 접근할 수 있다.

[b2]는 파라미터의 3번째 요소이므로 params[3].data로 접근할 수 있다.

- b2는 파라미터의 3번째 요소에 있는 0번째 요소이므로 params[3].data[0]로 접근할 수 있다.

코드로 확인하면 다음과 같다.

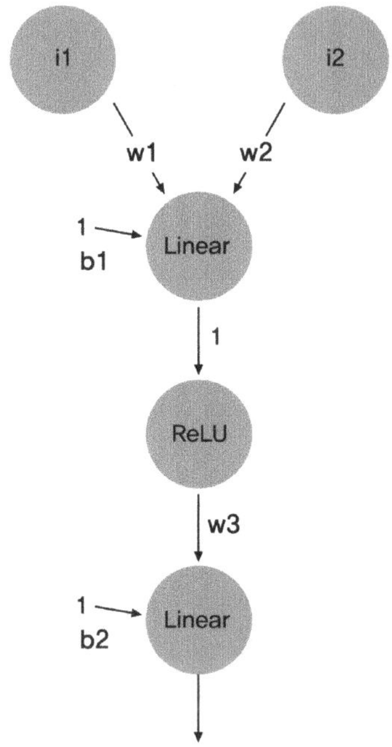


```
import torch
import torch.nn as nn
torch.manual_seed(1)
net=nn.Sequential(
      nn.Linear(2,1),
      nn.ReLU( ),
      nn.Linear(1,1))
params=list(net.parameters( ))

print (“[[w1, w2]]=”, params[0].data)
print (“[w1, w2]=”, params[0].data[0])
print (“w1=”, params[0].data[0][0])
print (“w2=”, params[0].data[0][1])

print (“[b1]=”, params[1].data)
print (“b1=”, params[1].data[0])

print (“[[w3]]=”, params[2].data)
print (“[w3]=”, params[2].data[0])
print (“w3=”, params[2].data[0][0])

print (“[b2]=”, params[3].data)
print (“b2=”, params[3].data[0])
```

```
[[w1, w2]]= tensor([[0.3643, -0.3121]])
[w1, w2]= tensor([0.3643, -0.3121])
w1= tensor(0.3643)
w2= tensor(-0.3121)
[b1]= tensor([-0.1371])
b1= tensor(-0.1371)
[[w3]]= tensor([[0.4694]])
[w3]= tensor([0.4694])
w3= tensor(0.4694)
[b2]= tensor([-0.9414])
b2= tensor(-0.9414)
```

연습문제

1~3. 아래 각 문제에 대하여 제4장 예제6과 같이 params=list(net.parameters( ))에 저장된 각 파라미터 초깃값을 출력하는 프로그램을 작성하시오.

1.

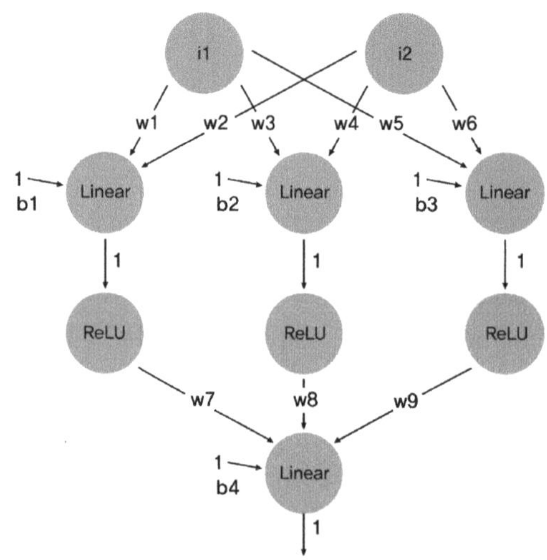


```
import torch
import torch.nn as nn
torch.manual_seed(1)

net=nn.Sequential(
      nn.Linear (2,3),
      nn.ReLU( ),
      nn.Linear (3,1))

params=list(net.parameters())
```

2.

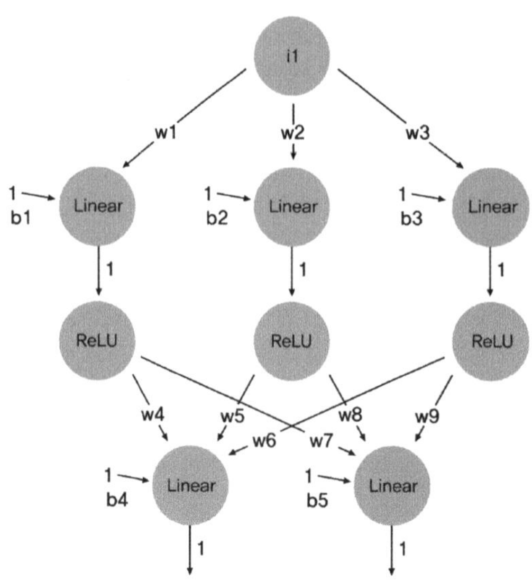


```
import torch
import torch.nn as nn
torch.manual_seed(1)

net=nn.Sequential(
      nn.Linear (1,3),
      nn.ReLU( ),
      nn.Linear (3,2))

params=list(net.parameters( ))
```

3.

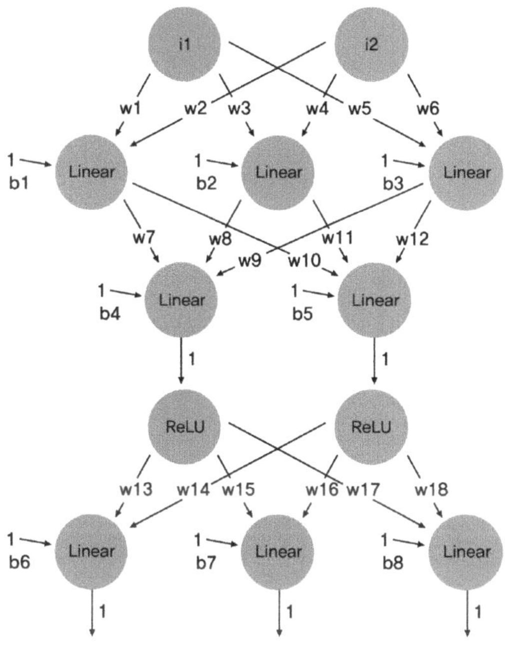


```
import torch
import torch.nn as nn
torch.manual_seed(1)

net=nn.Sequential(
      nn.Linear(2,3),
      nn.Linear(3,2),
      nn.ReLU(),
      nn.Linear(2,3))

params=list(net.parameters())
```

제5장 학습데이터, 신경망 출력과 손실 함수

신경망 파라미터의 값을 결정하기 위하여 사용하는 데이터를 학습데이터라고 한다. 학습데이터는 순서쌍 [A, B]로 구성된다. 여기서 A는 신경망에 입력하는 데이터로써 신경망 입력(input)이라고 한다. B는 신경망에 A를 입력할 때, 신경망 출력(output)이 목표로 하는 데이터로써 신경망 타겟(target)이라고 한다. 학습데이터가 1개일 때, PyTorch로 학습데이터를 표현하고 신경망에 데이터를 입력했을 때, 신경망 output을 구하고 신경망 target에서 벗어난 정도인 신경망 손실(loss)를 구하는 명령어를 알아보자(PART I). 그리고 학습데이터가 2개 이상일 때도 알아보자(PART II).

PART I. 학습데이터가 1개

입력노드가 2개인 신경망에 숫자 1.0과 2.0을 입력하면 신경망 output이 신경망 target 0.1에 가까워지도록 신경망의 가중치와 편향치를 결정하려고 한다. 이때, input1=[1.0, 2.0]과 target1=[0.1]에 대하여 input=[input1]=[[1.0, 2.0]]과 target=[target1]=[[0.1]]의 순서쌍을 학습데이터라고 한다. 학습데이터가 1개 순서쌍 [input1, target1]만을 가질 때, 다음 그림1의 신경망에 대하여 신경망 학습데이터, output과 loss에 대하여 알아보자.

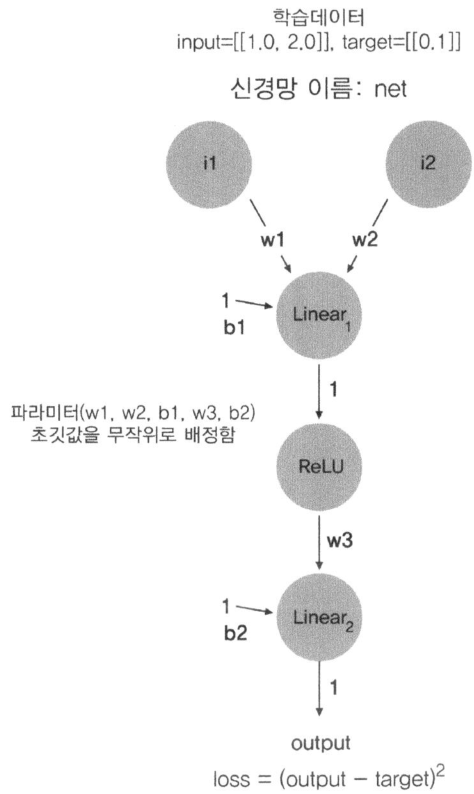

그림1. 학습데이터가 1개인 신경망

1. 신경망 학습데이터

학습데이터가 1개 순서쌍 [input1, target1]일 때, 신경망 input과 target에 대하여 알아보자.

1-1. 신경망 input

(1) 신경망 입력노드에 주어지는 데이터를 신경망 input=[input1]이라고 한다.

(2) input1이 가지는 숫자의 개수가 입력노드 개수이다. 예를 들면, input1=[1.0, 2.0]이 2개 숫자를 가지므로 신경망의 입력노드도 2개가 되어야 한다. 즉, 학습데이터가 결정되면 신경망의 입력노드 개수도 결정된다.

(3) 신경망 input을 표현하는 명령어는 아래 코드 3번째 줄에 있다. 신경망 input은 PyTorch의 자료형인 tensor이고, 리스트 [input1]=[[1.0, 2.0]]로 만들어지고, 데이터 타입(dtype)은 실수(부동소수점 32비트)이다. 여기서 dtype=torch.float32를 생략해도 동일한 결과를 얻는다. 그리고 input을 출력하면(4번째 줄) tensor이고 리스트 [1.0, 2.0]으로 만들어졌음을 보여주고 dtype은 생략된다. 명령어 input.dtype로 dtype(데이터 타입)을 알 수 있다(5번째 줄).

```
1 import torch; import torch.nn as nn; torch.manual_seed(1)
2
3 input=torch.tensor([[1.0, 2.0]],dtype=torch.float32)
4 print (input)
5 print (input.dtype)
```

```
tensor([[1., 2.]])
torch.float32
```

1-2. 신경망 target

(1) 신경망 input이 주어졌을 때, 신경망 출력이 목표로 하는 값을 target=[target1]이라고 한다.

(2) target1이 가지는 숫자 개수가 출력노드 개수이다. 예를 들면, target1=[0.1]이 1개 숫자를 가지므로 신경망의 출력노드도 1개가 되어야 한다. 즉, 학습데이터가 결정되면 신경망 출력노드의 개수도 결정된다.

(3) 코드로 target을 표현할 때, input과 동일한 방법을 적용한다(다음 코드 4번째 줄). 그리고 target을 출력하면(9번째 줄) tensor이고 리스트 [0.1]으로 만들어졌음을 보여주고 dtype은 생략된다. 명령어 target.dtype로 dtype(데이터 타입)을 알 수 있다(10번째 줄).

```
import torch; import torch.nn as nn; torch.manual_seed(1)

input=torch.tensor([[1.0, 2.0]])
target=torch.tensor([[0.1]])

print ('input=', input)
print ('input.dtype=', input.dtype); print()

print ('target=', target)
print ('target.dtype=', target.dtype)
```

```
input = tensor([[1., 2.]])
input.dtype = torch.float32

target = tensor([[0.1000]])
target.dtype = torch.float32
```

예제1. 아래 코드 3번째 줄에 있는 input=[[1.0, 2.0]]=[input1]에서 input1이 숫자 2개(1.0, 2.0)을 가지므로 입력노드는 2개가 되어야 한다. 입력노드 개수는 nn.Sequential의 0번째 성분인 nn.Linear(2,1)의 0번째 숫자인 2이다(7번째 줄). 코드 4번째 줄에 있는 target=[[0.1]]=[target1]에서 target1이 숫자 1개(0.1)을 가지므로 출력노드는 1개가 되어야 한다. 출력노드 개수는 nn.Sequential의 마지막 성분인 nn.Linear(1, 1)의 1번째 숫자인 1이다(9번째 줄).

```
 1 import torch; import torch.nn as nn; torch.manual_seed(1)
 2
 3 input=torch.tensor([[1.0, 2.0]],dtype=torch.float32)
 4 target=torch.tensor([[0.1]],dtype=torch.float32)
 5
 6 net=nn.Sequential(
 7       nn.Linear(2, 1),
 8       nn.ReLU( ),
 9       nn.Linear(1, 1)
10 )
```

2. 신경망 output

신경망 input(아래 코드 3번째 줄)을 net(코드 6번째 줄)에 대입하여 output을 구한다(코드 8번째 줄). 코드 10, 11번째 줄에서 output도 tensor이고 부동소수점 32비트임을 알 수 있다.

```
1 import torch; import torch.nn as nn; torch.manual_seed(1)
2
3 input=torch.tensor([[1.0, 2.0]],dtype=torch.float32)
4 target=torch.tensor([[0.1]],dtype=torch.float32)
5
6 net=nn.Sequential(nn.Linear(2,1), nn.ReLU(), nn.Linear(1,1))
7
8 output=net(input)
9
10 print ("output.data=", output.data)
11 print ("output.dtype=", output.dtype)
```

```
output.data = tensor([[-0.9414]])
output.dtype = torch.float32
```

[참고1] 신경망 output을 계산할 때, target은 사용되지 않는다. 신경망 target은 loss을 계산할 때 사용된다.

예제2. 위의 PyTorch 코드 실행하여 얻은 신경망 output에 있는 숫자 -0.9414가 어떻게 나왔는지 계산해 보자. 다음 그림에서 output=Linear2*1이므로 Linear2를 계산하기 위해서는 신경망 파라미터 값을 알아야 한다.

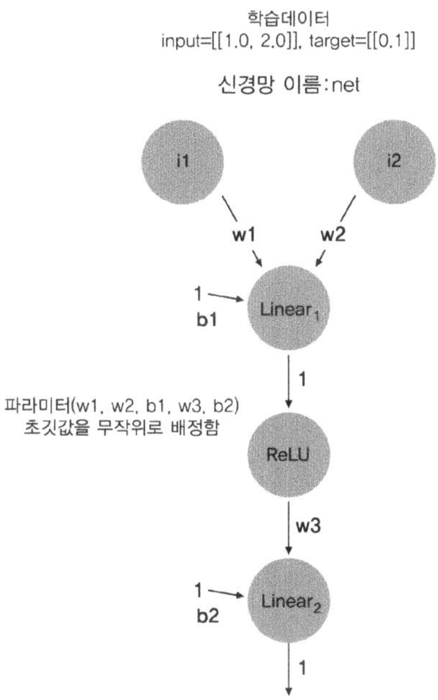


```
1 import torch; import torch.nn as nn; torch.manual_seed(1)
2
3 input=torch.tensor([[1.0, 2.0]], dtype=torch.float32)
4 target=torch.tensor([[0.1]], dtype=torch.float32)
5
6 net=nn.Sequential(nn.Linear(2,1), nn.ReLU( ), nn.Linear(1,1))
7
8 params=list(net.parameters( ))
9 print ("(w1, w2) : ", params[0].data)
10 print ("b1 : ", params[1].data)
11 print ("w3 : ", params[2].data)
12 print ("b2 : ", params[3].data)
```

```
(w1, w2) = tensor([[0.3643, -0.3121]])
b1 : tensor([-0.1371])
w3 : tensor([[0.4694]])
b2 : tensor([-0.9414])
```

9~12번째 줄에 의하여 신경망 그림의 가중치와 편향치는 다음과 같다(제4장 참고).

w1 = params[0].data[0][0] = 0.3643,
w2 = params[0].data[0][1] = -0.3121,
b1 = params[1].data[0] = -0.1371,
w3 = params[2].data[0][0] = 0.4694,
b2 = params[3].data[0] = -0.9414

각 노드의 값을 계산하면 다음과 같다.

(1) i1, i2의 값

input=[[1.0, 2.0]]이므로 입력노드 i1과 i2는 다음과 같다(제4장 참고).

i1 = input[0][0] = 1.0, i2 = input[0][1] = 2.0

(2) Linear1의 값

Linear1은 선형노드(linear)이므로 자신에 들어오는 값(i1*w1, i2*w2, 1*b1)을 모두 더한다.

```
Linear1 = i1*w1+i2*w2+1*b1
        = input[0][0]*params[0].data[0][0]+input[0][1]*params[0].data[0][1]
          +1*params[1].data[0]
        = 1.0*(0.3643)+2.0*(-0.3121)+1*(-0.1371)
        = -0.3969
```

(3) ReLU의 값

ReLU는 활성노드이므로 자신으로 들어오는 값(Linear1)을 함수 relu에 대입한다.

```
ReLU = relu(Linear1)
     = relu(-0.3969)
     = max{0, -0.3969}
     = 0
```

(4) Linear2의 값

Linear2는 선형노드이므로 자신에 들어오는 값(ReLU*w3, 1*b2)를 모두 더한다.

```
Linear2 = ReLU*w3+1*b2
        = ReLU*params[2].data[0][0]+1*params[3].data[0]
        = 0*0.4694+1*(-0.9414)
        =-0.9414
```

(5) 신경망 output은 출력노드가 가지는 값

출력노드는 1개이고 Linear2이다.

```
output = Linear2
       = -0.9414
```

다음과 같이 위 계산과정을 코드로 나타내면 신경망 output이 바르게 구해졌음을 알 수 있다.

```
import torch; import torch.nn as nn; torch.manual_seed(1)

input=torch.tensor([[1.0, 2.0]],dtype=torch.float32)
target=torch.tensor([0.1],dtype=torch.float32)

net=nn.Sequential(nn.Linear(2,1), nn.ReLU(), nn.Linear(1,1))

params=list(net.parameters())

Linear1=input[0][0]*params[0].data[0][0]+input[0][1]*params[0].data[0][1]+1*params[1].data[0]
print ('Linear1=', Linear1)

ReLU=nn.functional.relu(Linear1)
print ('ReLU=', ReLU)

Linear2=ReLU*params[2].data[0][0]+1*params[3].data[0]
print ('Linear2=', Linear2)

output=Linear2
print ('output=', output)
```

```
Linear1 = tensor(-0.3969)
ReLU = tensor(0.)
Linear2 = tensor(-0.9414)
output = tensor(-0.9414)
```

3. 신경망 loss

학습데이터가 1개이고 출력노드도 1개 일 때, 신경망 output과 target의 오차 제곱을 신경망 loss라고 정의하자.

$$\text{loss} = (\text{output} - \text{target})^2$$

loss가 0에 가까워질수록 output은 target에 가까워진다. loss가 0에 가까워지도록 파라미터 초깃값을 학습 알고리즘으로 업데이트하고 이를 신경망 학습이라고 한다. 학습 알고리즘과 코드는 제6장에서 다룬다.

loss=(output - target)^{2}에 있는 거듭제곱을 코드로 표현할 때, 다음과 같이 연산자 **를 사용한다.

```
 1 import torch; import torch.nn as nn; torch.manual_seed(1)
 2
 3 input=torch.tensor([[1.0, 2.0]], dtype=torch.float32)
 4 target=torch.tensor([[0.1]], dtype=torch.float32)
 5
 6 net=nn.Sequential(nn.Linear(2,1), nn.ReLU(), nn.Linear(1,1))
 7
 8 output=net(input)
 9 print ('신경망 output = ', output.data)
10
11 loss = (output-target)**2
12 print ('신경망 loss = ', loss.data)
```

```
신경망 output = tensor([[-0.9414]])
신경망 loss = tensor([[1.0846]])
```

|코드설명|

1번째 줄: 제3장에서 설명

3, 4: input=[[1.0, 2.0]]=[input1]과 target=[[0.1]]=[target1]이므로 학습데이터는 1개 순서쌍 [input1, target1]이다.

6: 신경망 net은 다음과 같이 순차적인 구조를 가진다.
선형층 nn.Linear(2,1) (일층 노드는 2개, 이층 노드는 1개, 선형연결),
활성층 ReLU( ) (이층 노드는 1개, 삼층 노드도 1개, 일대일연결),
선형층 nn.Linear(1,1) (삼층 노드는 1개, 사층 노드는 1개, 선형연결)

8, 9: 신경망 output은 input을 net에 대입한 값 net(input)이고 net(input)은 출력노드가 가지는 값이다. 출력노드가 1개이므로 1개 input을 신경망에 대입하면 신경망 output도 숫자 1개를 가지고 그 값은 -0.9414이다.

11, 12: 신경망 loss는 학습데이터가 1개 일 때, 신경망 output과 target의 오차 제곱이다. output=[[-0.9414]]이고 target=[[0.1]]이므로 loss=(output-target)**2=[[1.0846]]이다.

지금까지 학습 데이터가 1개이고 출력노드가 1개인 경우만 다루었다. 예제3에서 학습 데이터가 1개이지만 출력노드가 3개일 때, 신경망 loss을 구해보자.

예제3. input=[input1]=[[1.0, 2.0]]이고 target=[target1]=[[0.1, 0.2, 0.3]]일 때, 다음그림2와 같이 입력노드가 2개인 입력층과 출력노드가 3개인 출력층만으로 구성된 신경망에 대하여 신경망 loss을 구해보자.

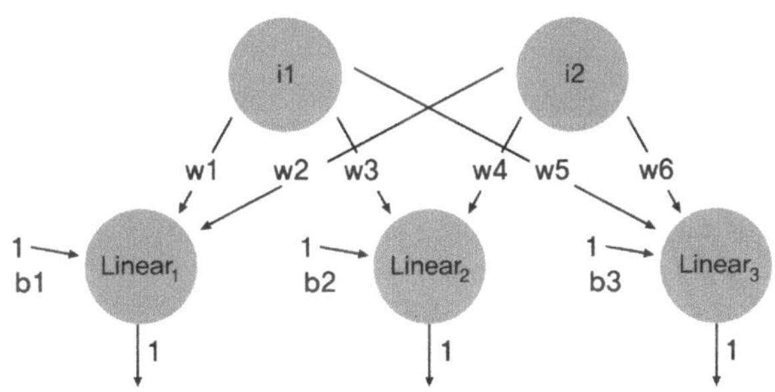

그림2. 입력노드가 2개인 입력층과 출력노드가 3개인 출력층만으로 구성된 신경망

input1을 신경망에 대입할 때, 출력노드(Linear1, Linear2, Linear3)가 가지는 값을 각각 output11, output12, output13라고 하자. 그리고 output1을 다음과 같이 정의하자.

output1 = [output11, output12, output13]

신경망 target1=[0.1, 0.2, 0.3]을 다음과 같이 나타내면

target1 = [target11, target12, target13]

3개 출력노드 손실(loss11, loss12, loss13)는 다음과 같이 정의한다.

(output11-target11)**2, (output12-target12)**2, (output13-target13)**2 output1과 target1을 이용하여 3개 출력노드 손실을 간단히 나타내자.

```
(output1 - target1)**2
    = [ (output11-target11)**2, (output12-target12)**2, (output13-target13)**2 ]
```

input1을 신경망에 대입할 때, 신경망 loss은 출력노드 손실(loss11, loss12, loss13)의 합으로 정의하자.

$$\text{loss} = (\text{output11} - \text{target11})^2 + (\text{output12} - \text{target12})^2 + (\text{output13} - \text{target13})^2$$

함수 sum과 벡터 (output1 - target1)**2를 이용하여 신경망 loss을 간단히 나타낼 수 있다

```
loss = torch.sum( (output1 - target1)**2 )
```

신경망 output, 각 출력노드 손실(loss11, loss12, loss13)과 신경망 loss을 출력하는 코드는 다음과 같다.

```
import torch; import torch.nn as nn; torch.manual_seed(1)

input=torch.tensor([[1.0, 2.0]],dtype=torch.float32)
target=torch.tensor([[0.1, 0.2, 0.3]],dtype=torch.float32)

net=nn.Linear(2,3)

output=net(input)
print('신경망 output = ', output.data); print()

print('출력노드 손실 = ',(output-target)**2); print()

loss = torch.sum((output-target)**2)
print('신경망 loss = ', loss.data)
```

```
신경망 output =  tensor([[-0.4053, 0.8864, 0.2807]])
출력노드 손실 =  tensor([[2.5536e-01, 4.7120e-01, 3.7127e-04]], grad_fn=<PowBackward0>)
신경망 loss =  tensor(0.7269)
```

|코드설명|

3, 4번째 줄: input=[[1.0, 2.0]]=[input1]과 target=[[0.1, 0.2, 0.3]]=[target1]이므로 학습데이터는 1개 순서쌍 [input1, target1]이다.

6: 신경망 net은 하나의 선형층 nn.Linear(2,3) (일층 노드는 2개, 이층 노드는 3개, 선형연결)이다.

8, 9: 신경망 output은 input을 net에 대입한 값 net(input)이고 net(input)은 출력노드가 가지는 값이다. 출력노드가 3개이므로 1개 input을 신경망에 대입하면 output도 숫자 3개(-0.4053, 0.8864, 0.2807)을 가진다.

11: 출력노드가 3개이고 각 출력노드마다 출력노드 손실이 계산되므로 출력노드 손실도 숫자 3개(2.5536e-01, 4.7120e-01, 3.7127e-04)가 된다. 여기서 3개 숫자는 다음과 같다.

2.5536e-01 = $2.5536*10^{-1}$ = 0.25536
4.7120e-01 = $4.7120*10^{-1}$ = 0.47120
3.7127e-04 = $3.7127*10^{-4}$ = 0.00037127

13, 14: 신경망 loss은 3개 출력노드 손실(0.25536, 0.47120, 0.00037127)의 합이므로 신경망 loss은 숫자 1개(0.7269)를 가진다.

PART II. 학습데이터가 2개 이상

학습데이터가 1개일 때 사용한 개념과 용어(input, target, loss)가 학습데이터가 2개 이상인 경우에는 어떻게 확장되는지를 알아보자.

1. 학습데이터가 2개인 경우

다음 그림3의 신경망에 대하여 학습데이터, output과 loss에 대하여 알아보자.

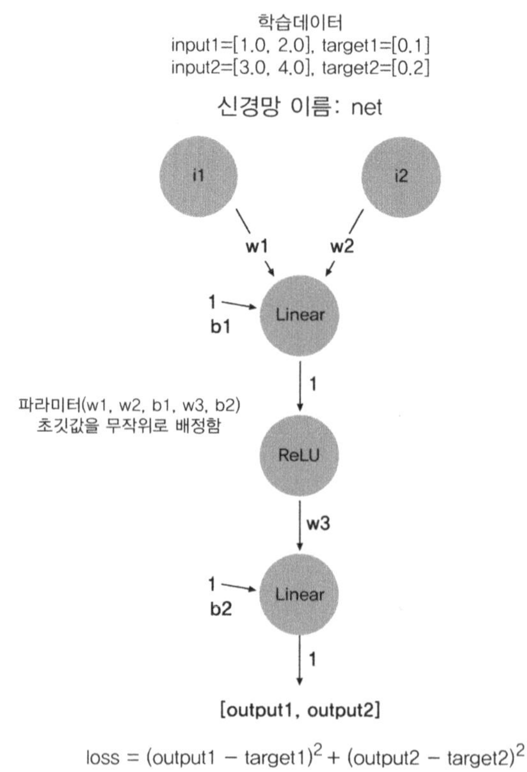

그림3. 학습데이터가 2개인 신경망

1-1. 신경망 input과 target

(1) 학습데이터는 다음과 같이 2개 순서쌍이다.

```
input1 = [1.0, 2.0]과 target1 = [0.1]의 순서쌍 [input1, target1]
input2 = [3.0, 4.0]과 target2 = [0.2]의 순서쌍 [input2, target2]
```

input1과 input2를 리스트로 묶어서 input이라 하고 target1과 target2를 리스트로 묶어서 target이라고 하자.

```
input= [ input1, input2 ] = [ [1.0, 2.0], [3.0, 4.0] ]
target= [ target1, target2 ] = [ [0.1], [0.2] ]
```

(2) 코드로 input과 target을 표현하면 다음과 같다.

```
input=torch.tensor([ [1.0, 2.0], [3.0, 4.0] ])
target=torch.tensor([ [0.1], [0.2] ])
```

1-2. 신경망 output

(1) 신경망 output 개수

학습데이터의 입력인 input1과 input2를 net에 대입할 때, 출력을 output1=net(input1)과 output2=net(input2)라고 하자. 학습데이터가 2개이고 출력노드가 1개이므로 output1과 output2은 각각 하나의 숫자가 된다. 따라서 신경망 output이 가지는 숫자 개수는 다음과 같이 계산된다.

(학습데이터 개수) x (출력노드 개수) = 2 x 1

(2) 신경망 output 표현

input=[input1, input2]일 때, 신경망 출력 net(input)을 output이라고 하자.

즉, output을 다음과 같이 생각하면 된다.

```
output = net(input)
       = net([input1, input2])
       = [ net(input1), net(input2) ]
       = [ output1, output2 ]
```

1-3. 신경망 loss

학습데이터가 2개이고 출력노드가 1개이므로 두 개 출력노드 손실은 다음과 같다.

(output1-target1)**2, (output2-target2)**2

output=[output1, output2]과 target=[target1, target2]를 이용하여 두 개 출력노드 손실을 간단히 나타내자.

(output - target)**2 = [(output1-target1)**2, (output2-target2)**2]

신경망 loss는 출력노드 손실 (output - target)**2의 합 sum이므로 다음이 성립한다.

loss = torch.sum((output - target)**2)

loss가 0에 가까워질수록 output은 target에 가까워진다. loss가 0에 가까워지도록 파라미터 초깃값을 학습 알고리즘으로 업데이트(신경망 학습)한다. 학습 알고리즘과 코드는 제6장에서 다룬다.

신경망 output, 출력노드 손실과 신경망 loss을 출력하는 코드는 다음과 같다.

```
import torch; import torch.nn as nn; torch.manual_seed(1)

input=torch.tensor([[1.0, 2.0], [3.0, 4.0]], dtype=torch.float32)
target=torch.tensor([[0.1], [0.2]], dtype=torch.float32)

net=nn.Sequential(nn.Linear(2,1), nn.ReLU(), nn.Linear(1,1))

output=net(input)
print ('신경망 output = ', output.data); print()

print ('출력노드 손실 = ', (output-target)**2); print()

loss = torch.sum((output-target)**2)
print ('신경망 loss = ', loss.data)
```

```
신경망 output = tensor([[-0.9414], [-0.9414]])
출력노드 손실 = tensor([[1.0846], [1.3029]], grad_fn=<PowBackward0>)
신경망 loss = tensor(2.3875)
```

|코드설명|

3, 4번째 줄: input=[[1.0, 2.0], [3.0, 4.0]]=[input1, input2]과 target=[[0.1], [0.2]] =[target1, target2]은 학습데이터가 2개 순서쌍 [input1, target1]과 [input2, target2]으로 구성됨을 나타낸다.

6: 신경망 net은 다음과 같이 순차적인 구조를 가진다.

선형층 nn.Linear(2,1) (일층 노드는 2개, 이층 노드는 1개, 선형연결),
활성층 ReLU( ) (이층 노드는 1개, 삼층 노드도 1개, 일대일연결),
선형층 nn.Linear(1,1) (삼층 노드는 1개, 사층 노드는 1개, 선형연결)

8, 9: 신경망 output은 input을 net에 대입한 값 net(input)이고 net(input)은 출력노드 값이다. 학습데이터가 2개 순서쌍이고 출력노드가 1개이므로 출력노드 값 net(input)은 숫자 2x1개(-0.9414, -0.9414)를 가진다. 신경망 output은 출력노드 값 net(input)이므로 신경망 output도 숫자 2x1개(-0.9414, -0.9414)를 가진다.

11: 학습데이터가 2개 순서쌍, 출력노드가 1개이고 출력노드마다 출력노드 손실이 계산되므로 출력노드 손실은 2x1개 숫자(1.0846, 1.3029)를 가진다.

13, 14: 신경망 loss는 출력노드 손실(1.0846, 1.3029)의 합이므로 1개 숫자(2.3875)를 가진다.

2. 학습데이터가 3개인 경우

다음 그림4의 신경망에 대하여 학습데이터, output과 loss에 대하여 알아보자.

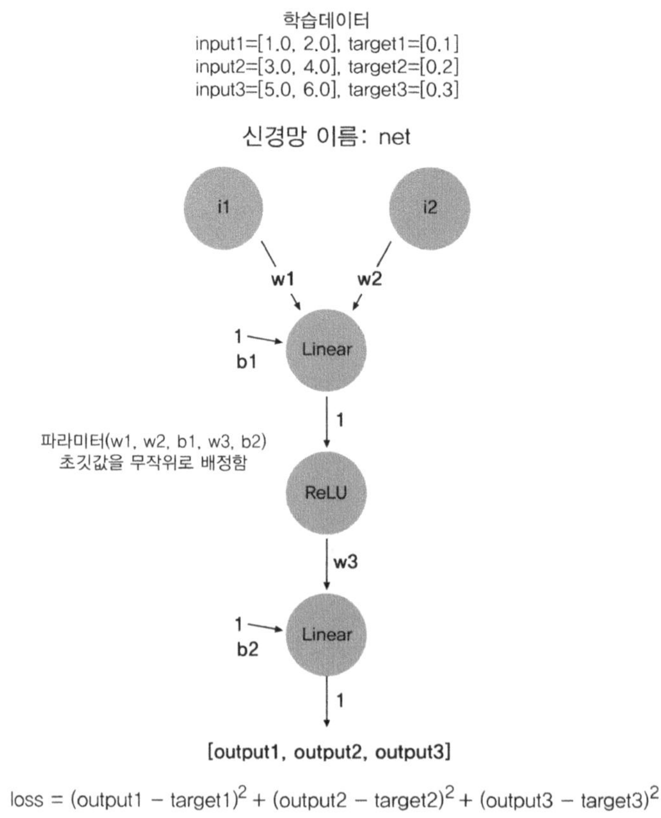

그림4. 학습데이터가 3개인 신경망

2-1. 신경망 input과 target

(1) 학습데이터는 다음과 같이 3개 순서쌍이다.

input1 = [1.0, 2.0]과 target1 = [0.1]의 순서쌍 [input1, target1]
input2 = [3.0, 4.0]과 target2 = [0.2]의 순서쌍 [input2, target2]
input3 = [5.0, 6.0]과 target3 = [0.3]의 순서쌍 [input3, target3]

input1, input2, input3를 하나의 리스트로 묶어서 input이라 하고 target1, target2, target3를 하나의 리스트로 묶어서 target이라고 하자.

```
input= [ input1, input2, input3 ] = [ [1.0, 2.0], [3.0, 4.0], [5.0, 6.0] ]
target= [ target1, target2, target3 ] = [ [0.1], [0.2], [0.3] ]
```

(2) 코드로 input과 target을 표현하면 다음과 같다.

```
input= torch.tensor([ [1.0, 2.0], [3.0, 4.0], [5.0, 6.0] ])
target= torch.tensor([ [0.1], [0.2], [0.3] ])
```

2-2. 신경망 output

(1) 신경망 output 개수

학습데이터의 입력인 input1, input2, input3를 net에 각각 대입할 때, 출력을 각각 output1=net(input1), output2=net(input2), output3=net(input3)라고 하자. 출력노드가 1개이므로 output1, output2, output3은 각각 하나의 숫자가 된다. 따라서 신경망 output은 3개가 되고 다음과 같이 계산된다.

(학습데이터 개수) x (출력노드 개수) = 3 x 1

(2) 신경망 output 표현

input=[input1, input2, input3]일 때, 신경망 출력 net(input)을 output이라고 하자. 즉, output을 다음과 같이 생각하면 된다.

```
output = net(input)
       = net([ input1, input2, input3 ])
       = [ net(input1), net(input2) , net(input3) ]
       = [ output1, output2, output3 ]
```

2-3. 신경망 loss

학습데이터가 3개이고 출력노드가 1개이므로 세 개 출력노드 손실은 다음과 같다.

```
(output1-target1)**2, (output2-target2)**2, (output3-target3)**2
```

output=[output1, output2, output3]와 target=[target1, target2, target3]를 이용하여 3개 출력노드 손실을 간단히 나타내자.

```
(output - target)**2
    = [ (output1-target1)**2, (output2-target2)**2, (output3-target3)**2 ]
```

신경망 loss는 출력노드 손실 (output - target)**2의 합 sum이므로 다음이 성립한다.

```
loss = torch.sum( (output - target)**2 )
```

loss가 0에 가까워질수록 output은 target에 가까워진다. loss가 0에 가까워지도록 파라미터 초깃값을 학습 알고리즘으로 업데이트(신경망 학습)한다. 학습 알고리즘과 코드는 제6장에서 다룬다.

신경망 output, 각 출력노드 손실과 신경망 loss을 출력하는 코드는 다음과 같다.

```
import torch; import torch.nn as nn; torch.manual_seed(1)

input=torch.tensor([[1.0, 2.0], [3.0, 4.0], [5.0, 6.0]], dtype=torch.float32)
target=torch.tensor([[0.1], [0.2], [0.3]], dtype=torch.float32)

net=nn.Sequential(nn.Linear(2,1), nn.ReLU(), nn.Linear(1,1))

output=net(input)
print ('신경망 output = ', output.data); print ()

print ('출력노드 손실 = ', (output-target)**2); print ()

loss = torch.sum((output-target)**2)
print ('신경망 loss = ', loss.data)
```

```
신경망 output = tensor([[-0.9414], [-0.9414], [-0.9414]])
출력노드 손실 = tensor([[1.0846], [1.3029], [1.5412]], grad_fn=<PowBackward0>)
신경망 loss = tensor(3.9286)
```

|코드설명|

3, 4번째 줄: input=[[1.0, 2.0], [3.0, 4.0], [5.0, 6.0]]=[input1, input2, input3]과 target=[[0.1], [0.2], [0.3]]=[target1, target2, target3]은 학습데이터가 3개 순서쌍 [input1, target1], [input2, target2], [input3, target3]으로 구성됨을 나타낸다.

6: 신경망 net은 다음과 같이 순차적인 구조를 가진다.

```
선형층 nn.Linear(2,1) (일층 노드는 2개, 이층 노드는 1개, 선형연결)
활성층 ReLU( )        (이층 노드는 1개, 삼층 노드도 1개, 일대일연결)
선형층 nn.Linear(1,1) (삼층 노드는 1개, 사층 노드는 1개, 선형연결)
```

8, 9: 신경망 output은 input을 net에 대입한 값 net(input)이고 net(input)은 출력노드 값이다. 학습데이터가 3개이고 출력노드가 1개이므로 출력노드 값 net(input)은 숫자 3x1개(-0.9411, -0.9414, -0.9414)를 가진다. 신경망 output은 출력노드가 가지는 값 net(input)이므로 신경망 output도 숫자 3x1개(-0.9411, -0.9414, -0.9414)를 가진다.

11: 학습데이터가 3개이고 출력노드가 1개이므로 출력노드 손실은 3개 숫자(1.0846, 1.3029, 1.5412)를 가진다.

13, 14: 신경망 loss는 출력노드 손실값(1.0846, 1.3029, 1.5412)의 합이므로 1개 숫자(3.9286)을 가진다.

예제4. 다음 그림5와 같이 출력노드가 2개인 신경망의 loss에 대하여 알아보자.

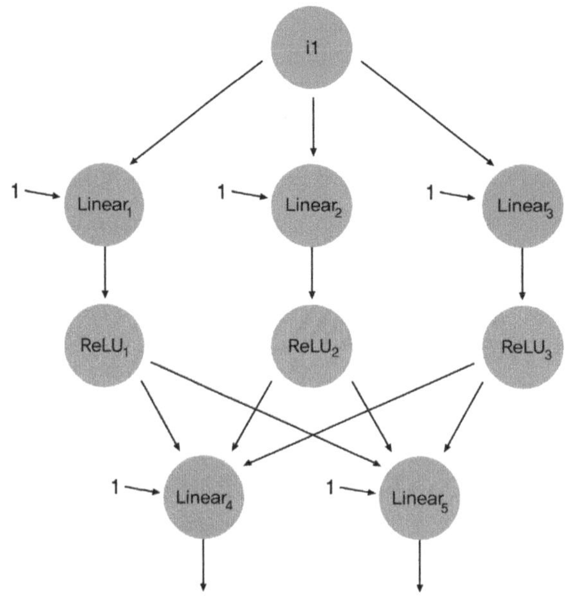

그림5. 출력노드가 2개인 신경망 net

학습데이터가 다음과 같이 2개 순서쌍이다.

input1 = [1.0]과 target1 = [0.1, 0.2]의 순서쌍 [input1, target1]
input2 = [2.0]과 target2 = [0.3, 0.4]의 순서쌍 [input2, target2]

다음과 같이 input1과 input2를 묶어서 input이라 하고 target1과 target2를 묶어서 target이라고 하자.

input= [input1, input2] = [[1.0], [2.0]]
target= [target1, target2] = [[0.1, 0.2], [0.3, 0,4]]

input의 각 성분(input1 또는 input2)이 1개 숫자를 가졌기 때문에 입력노드는 1개이고 target의 각 성분(target1 또는 target2)이 2개 숫자를 가졌기 때문에 출력노드는 2개가 된다.

신경망 net에 input1을 입력할 때, 출력 노드 Linear4가 가지는 값을 output14, Linear5의 값을 output15라고 하자. input1에 대한 신경망 출력을 output1이라 하면 다음이 성립한다.

output1 = net(input1) = [output14, output15]

마찬가지로 신경망 net에 input2를 입력할 때, 출력노드 Linear4의 값을 output24, Linear5의 값을 output25라고 하자. input2에 대한 신경망 출력을 output2라 하면 다음이 성립한다.

output2 = net(input2) = [output24, output25]

따라서 input1, input2에 대한 신경망 출력은 2x2개(output14, output15, output24, output25)가 된다. input=[input1, input2]에 대한 신경망 출력을 output이라 하면 다음이 성립한다.

```
output = net(input)
       = net([input1, input2])
       = [net(input1), net(input2)]
       = [ [output14, output15], [output24, output25]]
```

output1=[output14, output15]이고 target1=[taregt14, target15]이라고 하면 input1에 대한 출력노드 손실은 다음과 같다.

$$(\text{output1} - \text{target1})^2 = (\text{output14} - \text{target14})^2 + (\text{output15} - \text{target15})^2$$

마찬가지로, output2=[output24, output25]이고 target2=[taregt24, target25]이라고 하면 input2에 대한 출력노드 손실은 다음과 같다.

$$(\text{output2} - \text{target2})^2 = (\text{output24} - \text{target24})^2 + (\text{output25} - \text{target25})^2$$

신경망 loss은 출력노드 손실의 합이므로 다음이 성립한다.

$$\begin{aligned} loss = &(output14 - target14)^2 + (output15 - target15)^2 \\ &+ (output24 - target24)^2 + (output25 - target25)^2 \end{aligned}$$

따라서 output=[output1, output2]과 target=[target1, target2]를 이용하여 loss을 다음과 같이 간단히 나타낼 수 있다.

```
loss = torch.sum( (output - target)**2 )
```

코드로 확인해보자.

```
1 import torch; import torch.nn as nn; torch.manual_seed(1)
2
3 input=torch.tensor([[1.0], [2.0]],  dtype=torch.float32)
4 target=torch.tensor([[0.1, 0.2], [0.3, 0.4]], dtype=torch.float32)
5
6 net=nn.Sequential(nn.Linear(1,3), nn.ReLU( ), nn.Linear(3,2))
7
8 output=net(input)
9 print ('신경망 output = ', output.data); print ( )
10
11 print ('출력노드 손실값 = ', (output-target)**2); print ( )
12
13 loss = torch.sum((output-target)**2)
14 print ('신경망 loss = ', loss.data)
```

```
신경망 output = tensor([[0.1265, -0.2830], [0.0497, -0.3250]])
출력노드 손실 = tensor([[0.0007, 0.2333], [0.0626, 0.5256]], grad_fn=<PowBackward0>)
신경망 loss = tensor(0.8223)
```

|코드설명|

1번째 줄: torch.manual_seed(1)로 무작위로 생성되는 수열을 고정시킨다. 이 수열에 의하여 신경망 파라미터의 초깃값도 결정되므로 위 코드 전체(1~14번째 줄)을 반복 실행해도 파라미터 초깃값은 동일하므로 코드 실행 결과는 동일하다.

3, 4: input=[[1.0], [2.0]]=[input1, input2]과 target=[[0.1, 0.2], [0.3, 0.4]]=[target1, target2]은 학습데이터가 2개 순서쌍으로 만들어졌음을 나타낸다.

6: 신경망 net은 다음과 같이 순차적인 구조를 가진다.

선형층 nn.Linear(1,3) (일층 노드는 1개, 이층 노드는 3개, 선형연결)
활성층 ReLU( ) (이층 노드는 3개, 삼층 노드도 3개, 일대일연결)
선형층 nn.Linear(3,2) (삼층 노드는 3개, 사층 노드는 2개, 선형연결)

8, 9: 신경망 output은 input을 net에 대입한 값 net(input)이고 net(input)은 출력노드가 가지는 값이다. 학습데이터가 2개 순서쌍이고 출력노드가 2개이므로 출력노드는 숫자 2x2개(0.1265, -0.2830, 0.0497, -0.3250)을 가진다. 신경망 output은 출력노드가 가지는 값이므로 신경망 output도 숫자 2x2개(0.1265, -0.2830, 0.0497, -0.3250)을 가진다.

11: 학습데이터가 2개이고 출력노드가 2개이므로 출력노드 손실은 2x2개 숫자(0.0007, 0.2333, 0.0626, 0.5256)을 가진다.

13, 14: 신경망 loss는 출력노드 손실값(0.0007, 0.2333, 0.0626, 0.5256)의 합이므로 1개 숫자(0.8223)을 가진다.

연습문제

1. 학습데이터는 1개 순서쌍이고 input=[[1.0, 2.0]]과 target=[[0.3]]이다. 아래 신경망 파라미터의 초깃값은 torch.manual_seed(1)으로 생성되었다. input을 아래 신경망에 입력했을 때, 신경망 loss을 구하는 프로그램을 작성하시오.

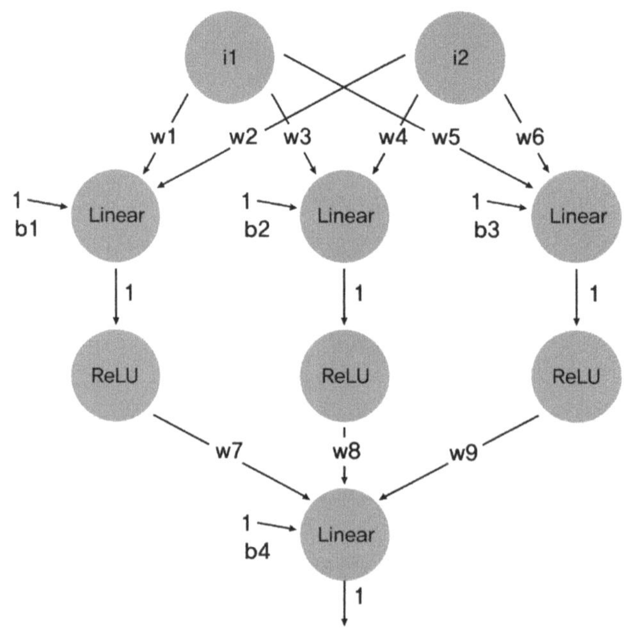

2. 학습데이터는 1개 순서쌍이고 input=[[1.0]]과 target=[[0.2, 0.3]]이다. 아래 신경망 파라미터의 초깃값은 torch.manual_seed(1)으로 생성되었다. input을 아래 신경망에 입력했을 때, 신경망 loss을 구하는 프로그램을 작성하시오.

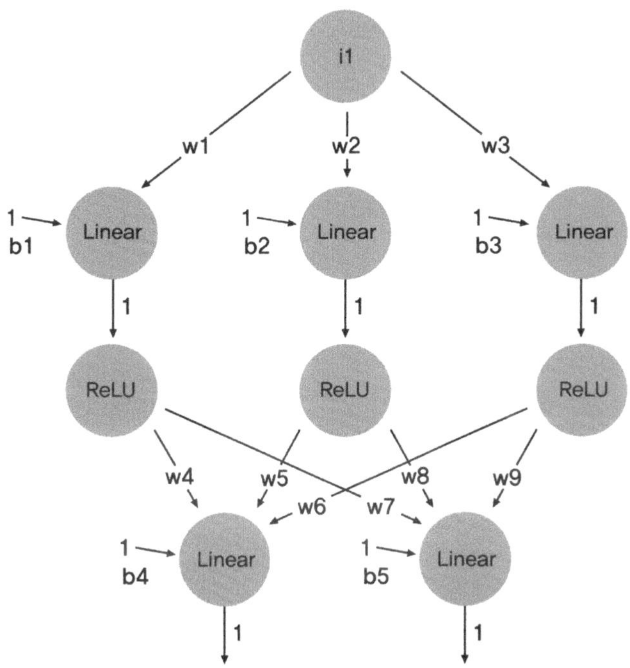

3. 학습데이터는 1개 순서쌍이고 input=[[1.0, 2.0]]과 target=[[0.3, 0.4, 0.5]]이다. 아래 신경망 파라미터의 초깃값은 torch.manual_seed(1)으로 생성되었다. input을 아래 신경망에 입력했을 때, 신경망 loss을 구하는 프로그램을 작성하시오.

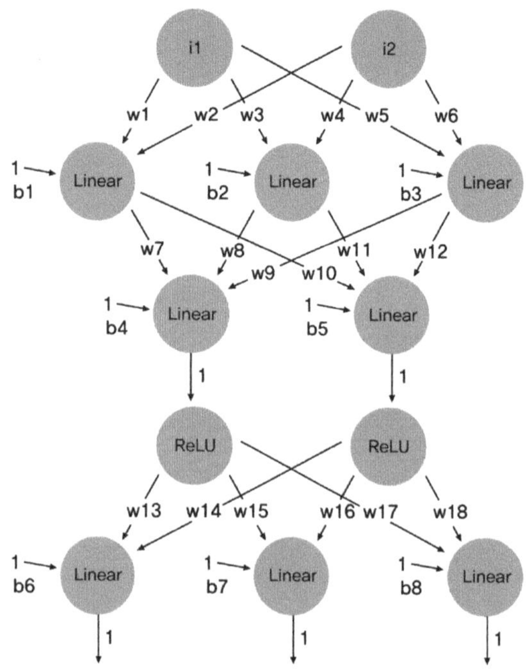

4. 학습데이터는 다음과 같이 3개 순서쌍으로 만들어졌다.

input1 = [1.0]과 target1 = [0.1, 0.2]의 순서쌍 [input1, target1]
input2 = [2.0]과 target2 = [0.3, 0.4]의 순서쌍 [input2, target2]
input3 = [3.0]과 target3 = [0.5, 0.6]의 순서쌍 [input3, target3]

이 학습데이터를 이용하여 특정 신경망을 학습하기 위해서 다음과 같이 주어진 input1, input2와 input3를 변수 input에 저장하고 target1, target2와 target3를 변수 target에 저장하려고 한다. 밑줄에 알맞은 숫자와 대괄호를 적으시오.

```
input= torch.tensor( ______________________ , dtype=torch.float32)
target= torch.tensor( ______________________ , dtype=torch.float32)
```

그림1의 신경망으로 파라미터 초깃값을 1회 업데이트하는 과정을 단계별로 알아보고(PART I), 각 단계를 PyTorch로 구현해보자(PART II). 이어서 파라미터 초깃값을 2회 이상 업데이트하는 신경망 학습이론과 이를 PyTorch로 구현하는 코드에 대하여 알아보자(PART III).

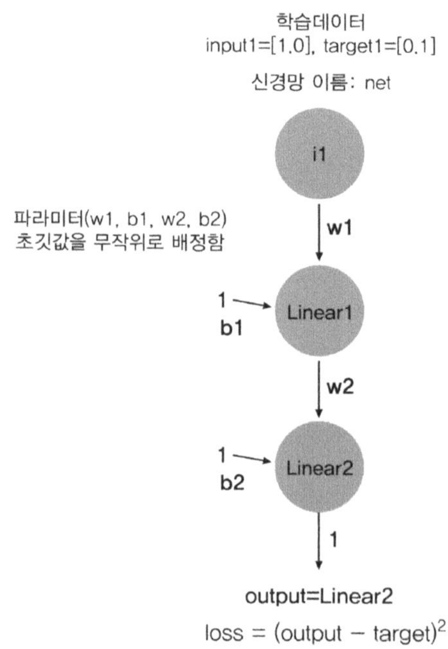

그림1. 학습이론에 사용할 신경망 input=[input1]이고 target=[target1]

PART I. 파라미터 초깃값을 1회 업데이트하는 학습이론

학습데이터를 사용하여 신경망 파라미터 초깃값을 1회 업데이트하는 과정을 다음과 같이 여섯 단계로 나눌 수 있다.

Step1. 무작위 생성 수열의 초항을 결정한다.

Step2. 학습데이터와 신경망 구조를 결정한다.

Step3. 파라미터 초깃값의 업데이트 방법을 선택한다.

Step4-1. 신경망 loss을 결정한다.

Step4-2. 파라미터 초깃값에서 loss의 각 파라미터에 관한 편미분 값을 구한다.

Step4-3. 편미분 값을 업데이트 방법(Step3)에 대입하여 파라미터 초깃값을 업데이트한다.

각 단계를 수와 식을 사용하여 알아보자.

Step1. 무작위 생성 수열의 초항

무작위 생성 숫자로 사용할 수열의 초항을 torch.maunal_seed(1)과 같이 seed 번호 1로 생성한다. 이 명령어에 의하여 신경망 파라미터 초깃값은 seed 번호 1로 생성된 유한 수열이 된다. Seed 번호를 정한 이유는 학습과정 설명과 코드 실행 결과 재현이 목적이므로 실제로 신경망을 학습할 때는 수열의 초항을 정할 필요가 없다.

Step2. 학습데이터(input, target)와 신경망 구조

(1) 학습데이터

학습데이터는 1개 순서쌍 [input1, target1]이고 input=[input1]=[[1.0]]과 target=[target1]=[[0.1]]이다.

(2) 신경망(net) 구조

그림1과 같은 신경망 구조를 가진다.

(3) 신경망 파라미터의 초깃값

신경망 파라미터 (w1, b1, w2, b2)는 torch.manual_seed(1)으로 생성된 초깃값을 가진다.

(w1, b1, w2, b2) = (0.5153, -0.4414, -0.1939, 0.4694)

Step3. 파라미터 업데이트 방법

신경망 loss가 0에 가깝도록 파라미터 초깃값을 업데이트하는 대표적인 방법인 확률적 경사하강법(stochastic gradient descent method)를 사용한다. 이는 학습데이터를 무작위로 분할(제8장에서 설명)한 후, 각 분할에 대하여 경사하강법을 적용한다는 의미이다. 그러나 본 교재에서는 학습과정 설명과 코드 실행 결과 재현을 위하여 무작위로 분할하지 않으므로 "확률적"이라는 용어는 무시해도 된다. 경사하강법은 [부록6-1]에서 설명하고 확률적 경사하강법 대신 Adams 등과 같이 gradient를 사용하여 파라미터 초깃값을 업데이트하는 경사하강법들이 있다.

경사하강법을 적용하기 위해서는 신경망 loss(Step4-1)와 파라미터 초깃값에서 loss의 각 파라미터에 관한 편미분 값(Step4-2)를 알아야 한다. 그리고 Step3에서 결정한 경사하강법에 편미분 값을 대입하여 초깃값을 1회 업데이트하는 내용은 Step4-3에서 설명한다.

Step4-1. 신경망 loss

(1) 신경망 output은 출력노드 값이고 이 값은 입력층에서 출력층 방향(순방향)으로 계산된다.

(2) 그림1의 신경망에 input1=[1.0]을 입력하면 i1=1.0이 되고 나머지 노드 값은 다음과 같다.

```
Linear1 = i1*w1+1*b1 = 0.5153+(-0.4414) = 0.0739
Linear2 = Linear1*w2+1*b2 = 0.0739*(-0.1939)+0.4694 = 0.4550
```

(3) 신경망 output은 출력노드 Linear2가 가지는 값이다.

```
output = Linear2 = 0.4550
```

(4) 신경망 output과 target의 오차(error) 제곱을 신경망 loss라 정의하자.

$$loss = (output - target)^2 = (0.4550 - 0.1)^2 = 0.1261$$

Step4-2. loss의 각 파라미터에 관한 편미분 값

신경망 output을 구하기 위하여 사용할 수와 식을 그래프로 만들어 편미분 값을 구한다. 이 그래프를 연산 그래프(computation graph)라고 한다.

1. 연산 그래프

그림1에서 신경망 output을 구할 때 사용한 연산은 다음과 같다.

```
input= i1
Linear1 = i1*w1+1*b1
Linear2 = Linear1*w2+1*b2
output = Linear2
error = output - target
loss = (error)^2
```

연산 그래프를 만들기 위하여 위 연산 과정을 두 개 항의 연산(이항 연산)으로 변형한다.

```
iw1 = i1*w1
Linear1 = iw1+b1
Lw2 = Linear1*w2
Linear2 = Lw2 + b2
error = Linear2 - target
loss = (error)^2
```

여기서 2개 문자(iw1, Lw2)를 도입했고 위의 6개 식을 그림2와 같이 그래프로 나타낼 수 있다. 이를 연산 그래프라고 하자.

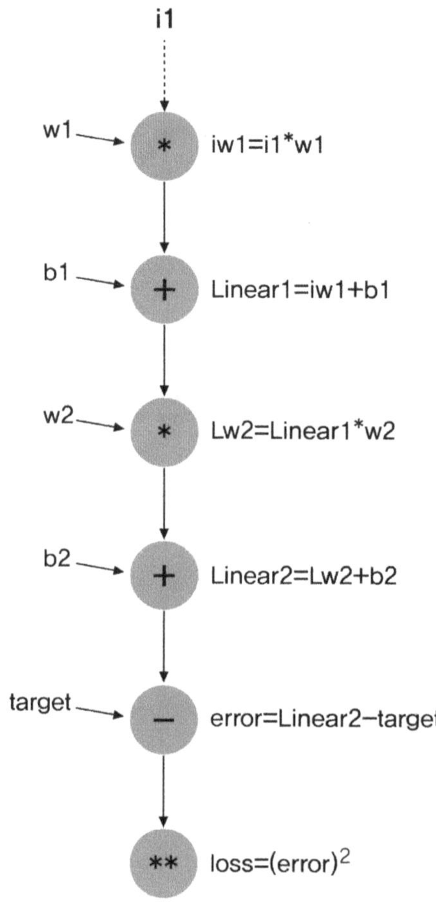

그림2. 연산 그래프

2. 편도함수 연산 그래프

연산 그래프의 실선 화살표에 그림3과 같이 편도함수를 삽입하고 이를 편도함수 연산 그래프라고 하자.

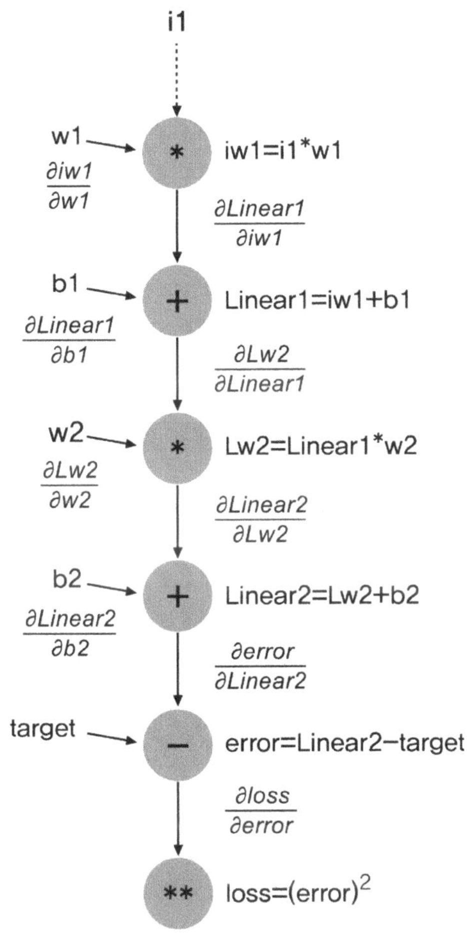

그림3. 편도함수 연산 그래프

3. 역방향 연산 그래프

편도함수 연산 그래프에 있는 화살표 방향이 입력에서 출력 방향이므로 "순방향"이라고 하고, 그림4와 같이 이 방향을 반대로 한 그래프를 "역방향 연산 그래프"라고 하자.

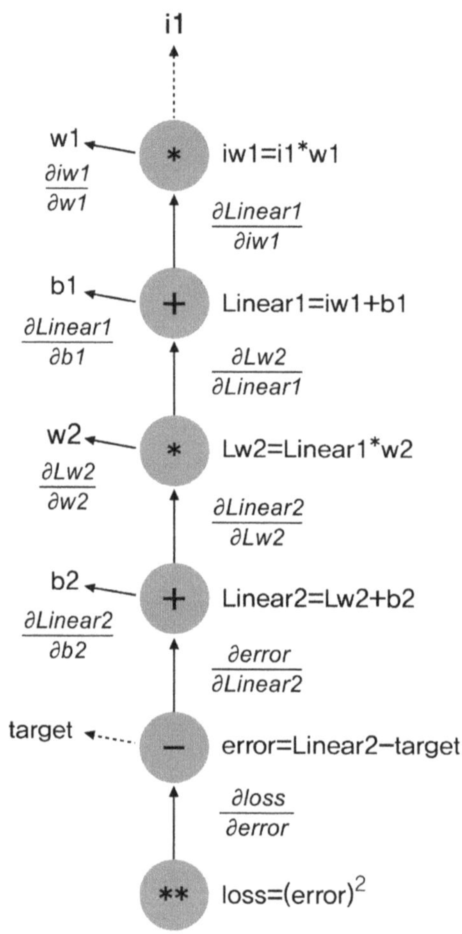

그림4. 역방향 연산 그래프

4. 역방향 연산 그래프로 편도함수 구하기

신경망 loss의 b2에 관한 편도함수 $\frac{\partial loss}{\partial b2}$는 역방향 연산 그래프에 있는 loss에서 출발하여 b2에 도착하는 경로에 있는 편도함수를 다음과 같이 모두 곱한 것과 같다.

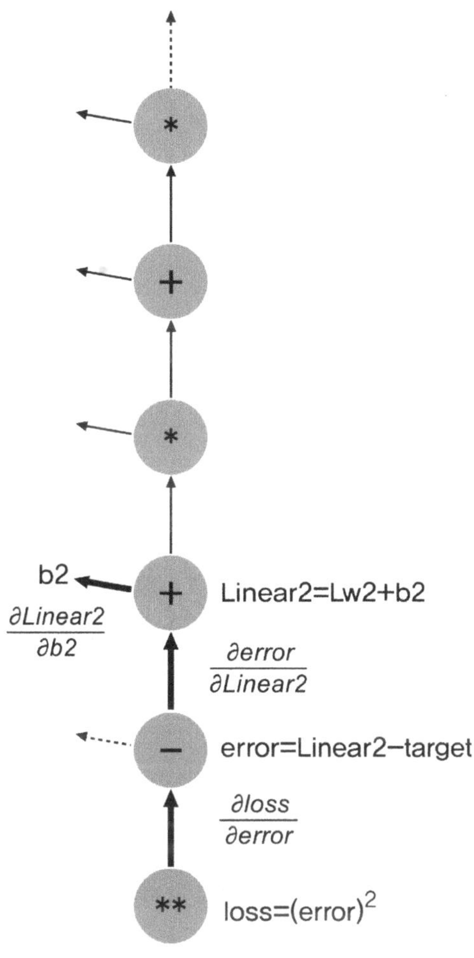

$$\frac{\partial loss}{\partial b2} = \frac{\partial loss}{\partial error} \times \frac{\partial error}{\partial Linear2} \times \frac{\partial Linear2}{\partial b2}$$

마찬가지 방법으로 나머지 편도함수를 구할 수 있다. 편도함수 $\frac{\partial loss}{\partial w2}$ 는 역방향 연산 그래프에 있는 loss에서 출발하여 w2에 도착하는 경로에 있는 편도함수를 다음과 같이 모두 곱한 것과 같다.

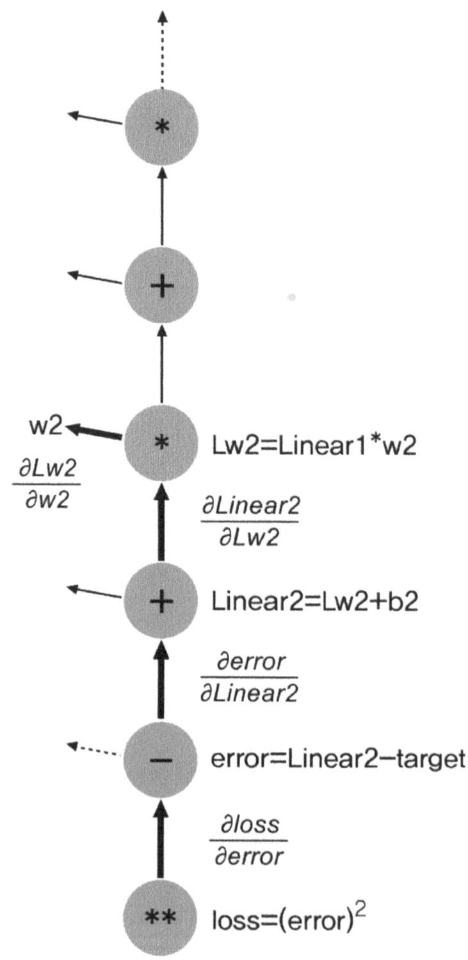

$$\frac{\partial loss}{\partial w2} = \frac{\partial loss}{\partial error} \times \frac{\partial error}{\partial Linear2} \times \frac{\partial Linear2}{\partial Lw2} \times \frac{\partial Lw2}{\partial w2}$$

편도함수 $\frac{\partial loss}{\partial b1}$는 역방향 연산 그래프에 있는 loss에서 출발하여 b1에 도착하는 경로에 있는 편도함수를 다음과 같이 모두 곱한 것과 같다.

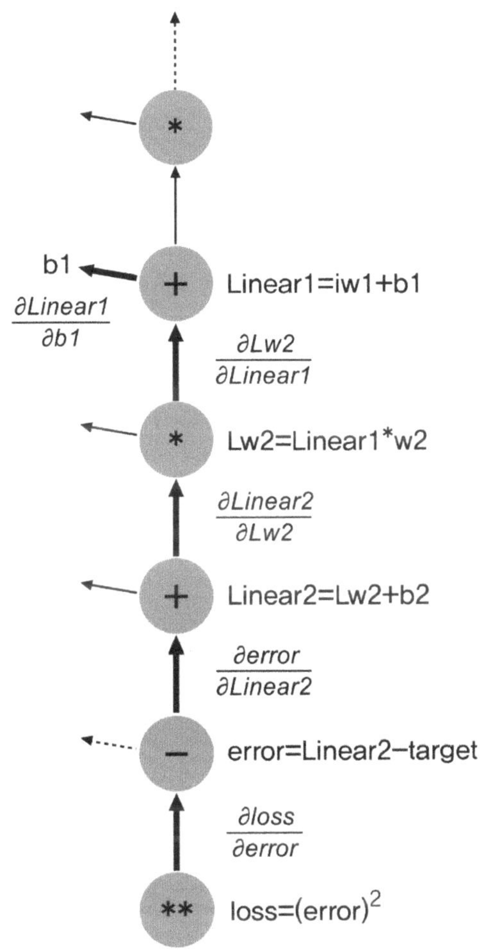

$$\frac{\partial loss}{\partial b1} = \frac{\partial loss}{\partial error} \times \frac{\partial error}{\partial Linear2} \times \frac{\partial Linear2}{\partial Lw2} \times \frac{\partial Lw2}{\partial Linear1} \times \frac{\partial Linear1}{\partial b1}$$

편도함수 $\frac{\partial loss}{\partial w1}$는 역방향 연산 그래프에 있는 loss에서 출발하여 w1에 도착하는 경로에 있는 편도함수를 다음과 같이 모두 곱한 것과 같다.

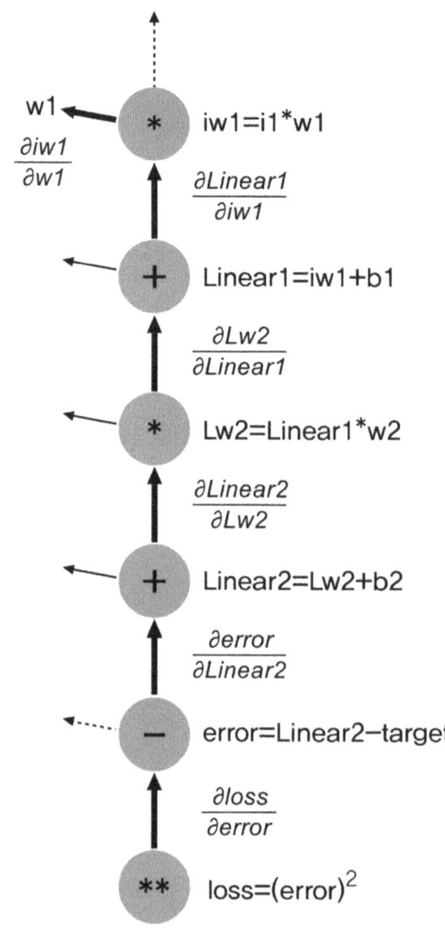

$$\frac{\partial loss}{\partial w1} = \frac{\partial loss}{\partial error} \times \frac{\partial error}{\partial Linear2} \times \frac{\partial Linear2}{\partial Lw2} \times \frac{\partial Lw2}{\partial Linear1} \times \frac{\partial Linear1}{\partial iw1} \times \frac{\partial iw1}{\partial w1}$$

5. 파라미터 초깃값에서 loss의 gradient

(1) i1=1.0, target=0.1이고 파라미터의 초깃값이

(w1, b1, w2, b2) = (0.5153, -0.4414, -0.1939, 0.4694)

일 때, 신경망 output=0.4551을 얻기 위하여 사용한 값은 다음과 같다.

$$iw1 = i1 * w1 = 1.0 * 0.5153 = 0.5153$$
$$Linear1 = iw1 + b1 = 0.5153 + (-0.4414) = 0.0739$$
$$Lw2 = Linear1 * w2 = 0.0739 * (-0.1939) = -0.0143$$
$$Linear2 = Lw2 + b2 = -0.0143 + 0.4694 = 0.4551$$
$$error = Linear2 - target = 0.4551 - 0.1 = 0.3551$$

(2) 위의 값을 이용하여 다음 편미분 값을 구하자.

$$\frac{\partial loss}{\partial error} = \frac{\partial}{\partial error}(error)^2 = 2 * error = 2 * 0.3551 = 0.7102$$

$$\frac{\partial error}{\partial Linear2} = \frac{\partial}{\partial Linear2}(\mathrm{Linear2} - \mathrm{target}) = 1$$

$$\frac{\partial Linear2}{\partial b2} = \frac{\partial}{\partial b2}(Lw2 + b2) = 1, \frac{\partial Linear2}{\partial Lw2} = \frac{\partial}{\partial Lw2}(Lw2 + b2) = 1$$

$$\frac{\partial Lw2}{\partial w2} = \frac{\partial}{\partial w2}(Linear1 * w2) = Linear1 = 0.0739, \frac{\partial Lw2}{\partial Linear1} = \frac{\partial}{\partial Linear1}(Linear1 * w2) = w2 = -0.1939$$

$$\frac{\partial Linear1}{\partial b1} = \frac{\partial}{\partial b1}(iw1 + b1) = 1, \frac{\partial Linear1}{\partial iw1} = \frac{\partial}{\partial iw1}(iw1 + b1) = 1$$

$$\frac{\partial iw1}{\partial w1} = \frac{\partial}{\partial w1} i1 \cdot w1 = i1 = 1.0$$

(3) 위의 편미분 값을 구한 loss의 gradient를 구하자.

$$\frac{\partial loss}{\partial b2} = \frac{\partial loss}{\partial error} \times \frac{\partial error}{\partial Linear2} \times \frac{\partial Linear2}{\partial b2}$$

$$= 0.7102*1*1 = 0.7102$$

$$\frac{\partial loss}{\partial w2} = \frac{\partial loss}{\partial error} \times \frac{\partial error}{\partial Linear2} \times \frac{\partial Linear2}{\partial Lw2} \times \frac{\partial Lw2}{\partial w2}$$
$$= 0.7102*1*1*0.0739 = 0.0525$$

$$\frac{\partial loss}{\partial b1} = \frac{\partial loss}{\partial error} \times \frac{\partial error}{\partial Linear2} \times \frac{\partial Linear2}{\partial Lw2} \times \frac{\partial Lw2}{\partial Linear1} \times \frac{\partial Linear1}{\partial b1}$$
$$= 0.7102*1*1*(-0.1939)*1 = -0.1377$$

$$\frac{\partial loss}{\partial w1} = \frac{\partial loss}{\partial error} \times \frac{\partial error}{\partial Linear2} \times \frac{\partial Linear2}{\partial Lw2} \times \frac{\partial Lw2}{\partial Linear1} \times \frac{\partial Linear1}{\partial iw1} \times \frac{\partial iw1}{\partial w1}$$
$$= 0.7102*1*1*(-0.1939)*1*1 = -0.1377$$

정리하면 loss의 gradient은 다음과 같다.

$$\left(\frac{\partial loss}{\partial w1}, \frac{\partial loss}{\partial b1}, \frac{\partial loss}{\partial w2}, \frac{\partial loss}{\partial b2}\right) = (-0.1377,\ -0.1377,\ 0.0525,\ 0.7102)$$

Step4-3. 경사하강법으로 파라미터 초깃값을 1회 업데이트

확률적 경사하강법(Step3)에 Step4-2에서 구한 편미분 값을 대입하여 다음과 같이 파라미터 초깃값을 1회 업데이트한다.

$w1$ 초깃값을 $w1 - \mathrm{lr}*\frac{\partial loss}{\partial w1} = 0.5151 - 0.1*(-0.1377) = 0.5290$으로 1회 업데이트

$b1$ 초깃값을 $b1 - \mathrm{lr}*\frac{\partial loss}{\partial b1} = 0.4414 - 0.1*(-0.1377) = -0.4276$으로 1회 업데이트

$w2$ 초깃값을 $w2 - \mathrm{lr}*\frac{\partial loss}{\partial w2} = -0.1939 - 0.1*(-0.0525) = -0.1991$으로 1회 업데이트

$b2$ 초깃값을 $b2 - \mathrm{lr}*\frac{\partial loss}{\partial b2} = 0.4694 - 0.1*0.7102 = 0.3983$으로 1회 업데이트한다.

여기서 lr는 학습률(learning rate)이라고 하며 $\mathrm{lr} = 0.1$을 사용했다.

PART II. 파라미터 초깃값을 1회 업데이트하는 PyTorch 코드

학습데이터를 사용하여 신경망 파라미터 초깃값을 1회 업데이트하는 단계(PART I)을 PyTorch로 구현하면 다음과 같다.

```
#Step0. 패키지 불러오기
import torch; import torch.nn as nn

#Step1. 무작위 생성 수열의 초항
torch.manual_seed(1)

#Step2. 학습데이터와 신경망 구조
input= torch.tensor( [[1.0]], dtype=torch.float32 )
target= torch.tensor( [[0.1]], dtype=torch.float32 )

net = nn.Sequential( nn.Linear(1,1), nn.Linear(1,1) )

#Step3. 초깃값 업데이트에 사용할 경사하강법
optimizer = torch.optim.SGD(net.parameters( ), lr=0.1)

#Step4-1. 신경망 loss
loss = (net(input) - target)**2

#Step4-2. 초깃값에서 loss의 gradient
loss.backward( )

#Step4-3. 초깃값 1회 업데이트
optimizer.step( )
```

각 단계를 설명하면 다음과 같다.

Step0. 패키지 불러오기

import torch: PyTorch로 신경망 학습을 위해서 패키지 torch를 불러온다.

import torch.nn as nn: 신경망 구조를 만들 때, torch.nn을 간단히 nn로 사용한다.

Step1. PART I의 Step1에 해당한다.

torch.manual_seed(1): 신경망 파라미터 초깃값을 무작위로 생성할 때 사용한 seed 번호는 1이다.

Step2. PART I의 Step2에 해당한다.

학습데이터는 1개 순서쌍 [input1, target1]이다. 학습데이터의 input=[input1]은 torch.tensor 자료형, 실수 1.0이고 torch.float32이다. 학습데이터의 target=[target1]도 torch.tensor 자료형, 실수 0.1이고 torch.float32이다.

Step3. PART I의 Step3에 해당한다.

파라미터 초깃값 업데이트에 사용할 경사하강법은 torch.optim에 있는 확률적 경사하강법(Stochastic gradient descent method, SGD)이고 optimizer에 경사하강법을 저장한다. 함수 torch.optim.SGD에 신경망 net의 파라미터 정보가 담긴 net.parameters( )와 학습률을 나타내는 lr=0.1을 대입한다.

Step4-1. PART I의 Step4-1에 해당한다.

학습데이터가 1개 순서쌍일 때, 신경망 loss는 신경망 출력 net(input)과 target의 오차(error)를 제곱한 것이다. 이 단계에서 loss까지의 연산그래프가 생성된다.

Step4-2. PART I의 Step4-2에 해당한다.

역방향 연산그래프로 파라미터 초깃값에서 loss의 gradient를 계산하여 저장하는 명령어이다. 편미분 값을 출력하는 코드는 [부록6-2]에 있다. Gradient를 계산한 후에는 연산그래프를 메모리에서 삭제한다.

Step4-3. PART I의 Step4-3에 해당한다.

확률적 경사하강법으로 파라미터 초깃값을 1회 업데이트하는 명령어이고 optimizer는 Step3에서 정의했다.

예제1. 아래 코드는 파라미터 초깃값을 1회 업데이트하기 전과 후를 출력해서 업데이트가 되었는지 확인하는 코드이다.

```
1 #Step0. PyTorch 불러오기
2 import torch; import torch.nn as nn
3
4 #Step1. 무작위 생성 숫자 대신 사용할 수열의 초항
5 torch.manual_seed(1)
6
7 #Step2. 학습데이터와 신경망 구조
8 input=torch.tensor([[1.0]],dtype=torch.float32)
9 target=torch.tensor([[0.1]],dtype=torch.float32)
10 net=nn.Sequential(nn.Linear(1,1), nn.Linear(1,1))
11
12 #line 10 실행으로 생성된 파라미터 초깃값
13 params=list(net.parameters( ))
14 print ('초깃값')
15 print ('w1=', params[0].data )
16 print ('b1=', params[1].data )
17 print ('w2=', params[2].data )
18 print ('b2=', params[3].data ); print( )
19
20 #Step3. 초깃값 업데이트에 사용할 확률적 경사하강법
21 optimizer = torch.optim.SGD(net.parameters( ), lr=0.1)
22
23 #Step4-1. 신경망 loss
24 loss = (net(input)-target)**2
25
26 #Step4-2. 초깃값에서 loss의 gradient 값
27 loss.backward( )
28
29 #Step4-3. 초깃값 1회 업데이트
30 optimizer.step( )
31
32 #line 30 실행으로 파라미터 초깃값 1회 업데이트
33 print ('초깃값 1회 업데이트')
34 print ('w1=', params[0].data )
35 print ('b1=', params[1].data )
36 print ('w2=', params[2].data )
37 print ('b2=', params[3].data )
```

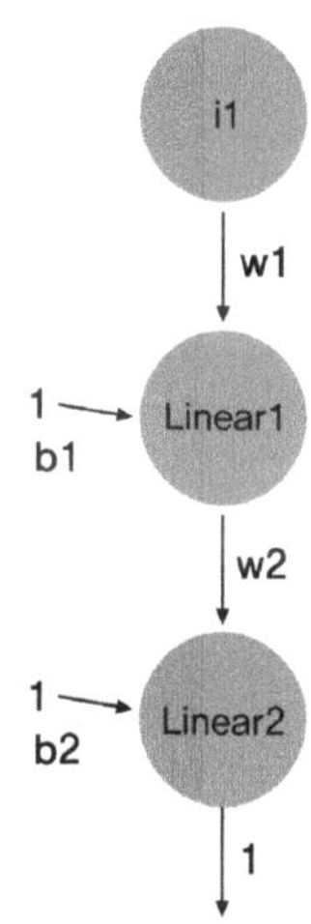


```
초깃값

w1= tensor([[0.5153]])
b1= tensor([-0.4414])
w2= tensor([[-0.1939]])
b2= tensor([0.4694])

초깃값 1회 업데이트
w1= tensor([[0.5290]])
b1= tensor([-0.4276])
w2= tensor([[-0.1991]])
b2= tensor([0.3984])
```

|코드 설명|

5번째 줄: 무작위로 생성되는 수열을 고정시킨다. 이 수열에 의하여 신경망 파라미터의 초깃값이 결정되므로 위 코드 전체(1~37번째 줄)을 반복 실행해도 파라미터 초깃값은 변하지 않는다.

8, 9: 학습 데이터는 1개 순서쌍 [input1, target1]이고 input=[input1]과 target=[target1]이다.

10: 신경망 net은 다음과 같은 순차적인 구조를 가진다.
선형층 nn.Linear(1,1) (일층 노드는 1개, 이층 노드는 1개, 선형연결),
선형층 nn.Linear(1,1) (이층 노드는 1개, 삼층 노드는 1개, 선형연결)

13: params에 파라미터가 가지고 있는 내용을 리스트 자료형으로 만들어 저장한다.

15~18: 가중치 w1, 편향치 b1, 가중치 w2, 편향치 b2가 가지고 있는 초깃값을 출력한다.

21: 신경망 파라미터 정보(net.parameters())와 학습률(lr) 0.1을 대입한 확률적 경사하강법(SGD method)를 optimizer에 저장한다. 코드 30번째 줄에서 optimizer로 신경망 net의 파라미터 초깃값을 SGD 방법으로 업데이트한다.

24: 학습데이터가 1개이고 출력노드가 1개 일 때, 신경망 loss는 net(input)과 target의 오차(error)를 제곱한 값이다. loss까지의 연산그래프가 생성된다.

27: 신경망 loss을 구할 때 PyTorch가 내부적으로 만들어 놓은 연산 그래프를 사용하여, 파라미터의 초깃값에서 각 파라미터에 관한 loss의 편미분 값을 구한다. 편미분 값을 출력하는 코드는 [부록6-2]에 있다. Gradient를 계산한 후에는 연산그래프는 메모리에서 삭제된다.

30: optimizer가 가지고 있는 함수 step( )으로 파라미터 초깃값을 1회 업데이트한다.

33~37: 1회 업데이트된 가중치 w1, 편향치 b1, 가중치 w2, 편향치 b2의 값을 출력한다.

[참고1] PART I에서 코드를 사용하지 않고 계산한 파라미터 초깃값의 1회 업데이트 값과 PART II에서 코드를 사용하여 구한 업데이트 값이 일치한다.

PART III. 파라미터 초깃값을 2회 이상 업데이트

학습데이터를 사용하여 신경망 파라미터 초깃값을 1회 업데이트하는 과정을 PART I에서 아래 여섯 단계로 설명하였다.

Step1. 무작위 생성 수열의 초항을 결정한다.
Step2. 학습데이터와 신경망 구조를 결정한다.
Step3. 파라미터 초깃값의 업데이트 방법을 선택한다.
Step4-1. 신경망 loss을 결정한다.
Step4-2. 파라미터 초깃값에서 loss의 각 파라미터에 관한 편미분 값을 구한다.
Step4-3. 편미분 값을 업데이트 방법(Step3)에 대입하여 파라미터 초깃값을 업데이트한다.

파라미터 초깃값을 2회 업데이트하기 위해서는 1회(첫 번째) 업데이트한 후, 이 값을 또 다시 1회(두 번째) 업데이트하면 된다. 그러므로 위의 여섯 단계를 2회 반복하면 되지만 중복 사용하지 않아도 되는 단계와 반드시 중복해야 하는 단계를 구별해보자.

Step1: 두 번째 업데이트할 때, 무작위로 생성하는 숫자는 없으므로 Step1은 중복 사용하지 않아도 된다.

Step2: 두 번째 업데이트할 때, 첫 번째 업데이트에 사용한 학습데이터와 신경망 구조는 같기 때문에 중복하지 않아도 된다.

Step3: 두 번째 업데이트할 때도 동일한 경사하강법을 사용하므로 중복하지 않아도 된다.

Step4-1: 두 번째 업데이트할 때, 초깃값을 1회 업데이트한 파라미터 값으로 구한 신경망 output을 신경망 loss에 사용되어야 하므로 반드시 중복 사용해야 한다.

Step4-2: 두 번째 업데이트할 때, 초깃값을 1회 업데이트한 파라미터 값에서 loss의 편미분 값을 계산해야 하므로 반드시 중복해야 한다.

Step4-3: 두 번째 업데이트할 때, 초깃값이 1회 업데이트된 파라미터 값을 또 다시 1회 업데이트해야 하므로 반드시 중복해야 한다.

따라서 Step4-1, Step4-2와 Step4-3은 반드시 중복해야 한다. 또한 3개 명령어(Step4-1, Step4-2와 Step4-3) 이외에 두 번째 업데이트부터 다음 명령어를 추가로 실행해야 한다.

```
optimizer.zero_grad( )
```

이 명령어를 Step4-2 다음에 실행하면 Step4-2에서 구한 편미분 값은 0이 된다. 초깃값을 2회 이상 업데이트할 때, 이런 단계가 추가로 필요한 이유를 알아보자. PyTorch는 Step4-2에서 구한 편미분 값을 누적하고, Step4-3에서 누적된 편미분 값의 합을 사용하여 파라미터 값을 업데이트한다. 즉, (초깃값을 첫 번째 업데이트하기 위하여 Step4-2에서 구한 편미분 값) + (초깃값을 두 번째 업데이트하기 위하여 Step4-2에서 구한 편미분 값)을 초깃값을 두 번째 업데이트할 때, Step4-3에서 사용한다. 그러나 본 교재의 신경망 학습이론에서는 누적 편미분 값을 Step4-3에서 사용하지 않기 때문에 초깃값을 두 번째 업데이트할 때, (초깃값을 첫 번째 업데이트하기 위하여 Step4-2에서 구한 편미분 값)=0이 되도록 만드는 단계가 추가로 필요하다. 이때, 사용하는 명령어가 optimizer.zero_grad( )이다. 따라서 초깃값을 첫 번째 업데이트하고 이어 두 번째 업데이트하는 단계를 모두 적으면 다음과 같다.

```
Step0. torch 호출
   import torch; import torch.nn as nn
#초깃값을 첫 번째 업데이트
Step1. 무작위 수열의 초항
   torch.manual_seed(1)
Step2. 학습데이터와 신경망 구조
   input= torch.tensor([[1.0]], dtype=torch.float32)
   target= torch.tensor([[0.1]]), dtype=torch.float32)
   net = nn.Sequential(nn.Linear(1,1), nn.Linear(1,1) )
Step3. 경사하강법
   optimizer = torch.optim.SGD(net.parameters( ), lr=0.1)
Step4-1. 신경망 loss
   loss = (net(input) - target)**2
Step4-2. 초깃값에서 loss의 gradient
   loss.backward( )
Step4-3. 초깃값 1회 업데이트
   optimizer.step( )
#초깃값을 두 번째 업데이트
Step4-1. loss = (net(input) - target)**2
Step4-2. loss.backward( )
Step4-3. optimizer.step( )
추가 단계: optimizer.zero_grad()
```

그러므로 파라미터 값을 2회 업데이트하기 위해서는 아래 4개 명령어를 사용해야 한다.

신경망 loss 정의 : loss = (net(input)-target)**2
편미분 값 계산 : loss.backward()
파라미터 값을 1회 업데이트 : optimizer.step()
편미분 값을 0으로 변경 : optimizer.zero_grad()

이러한 내용을 예제2에서 PyTorch 코드로 확인해 보자.

예제2. 아래 코드는 파라미터 초깃값 1회 업데이트할 때 사용한 편미분 값을 0으로 만드는 코드이다.

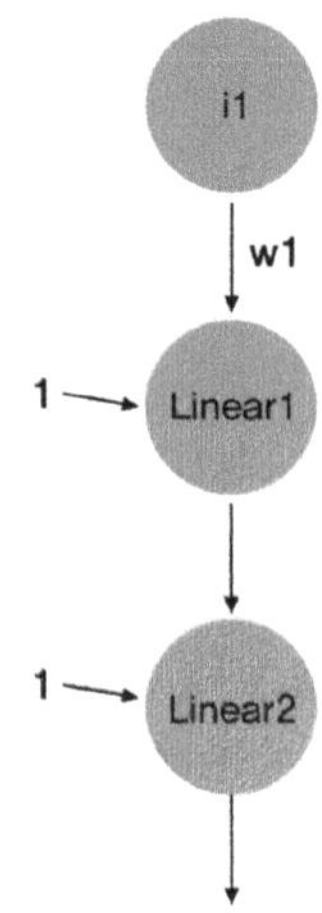


```
1 import torch; import torch.nn as nn; torch.manual_seed(1)
2
3 input=torch.tensor([[1.0]], dtype=torch.float32)
4 target=torch.tensor([[0.1]], dtype=torch.float32)
5 net=nn.Sequential(nn.Linear(1,1), nn.Linear(1,1))
6
7 optimizer = torch.optim.SGD(net.parameters( ), lr=0.1)
8
9 params=list(net.parameters( ))
10
11 print ('계산하기 전의 grad')
12 print ('w1.grad=', params[0].grad); print()
13
14 loss = (net(input)-target)**2
15 loss.backward( )
16 print ('계산한 grad')
17 print ('w1.grad=', params[0].grad); print()
18
19 print ('계산한 grad를 0으로 만들기')
20 optimizer.zero_grad( )
21 print('w1.grad=', params[0].grad)
```

```
계산하기 전의 grad
w1. grad= None

계산한 grad
w1. grad= tensor([[-0.1377]])

계산한 grad를 0으로 만들기
w1. grad= tensor([[0.]])
```

|코드 설명|

12번째 줄: loss의 gradient를 구하는 명령어(코드 15번째 줄)을 실행하기 전이므로 가중치 w1에 관한 loss의 편미분 값을 저장한 params[0].grad에는 None이 저장됨을 알 수 있다.

15: 파라미터 초깃값에서 각 파라미터에 관해 loss의 gradient를 구하는 명령어이다.

17: loss의 gradient를 구하는 명령어(코드 15번째 줄)을 실행했음으로 가중치 w1에 관한 loss의 편미분 값을 저장한 params[0].grad에는 None이 아닌 숫자(-0.1377)가 저장됨을 알 수 있다.

20: loss.backward()로 구한 loss의 gradient를 0으로 만든다.

21: optimizer.zero_grad()를 20번째 줄에서 실행했기 때문에 가중치 w1에 관한 loss의 편미분 값 -0.1377를 저장한 params[0].grad에는 0이 저장됨을 알 수 있다.

예제3. 파라미터 초깃값을 1회 업데이트하기 위하여 사용한 아래 4개 명령어를 반복해서 사용함으로써 파라미터 초깃값을 2회 업데이트할 수 있다.

> 신경망 loss 정의 : loss = (net(input)-target)**2
> 편미분 값 계산 : loss.backward()
> 파라미터 값을 1회 업데이트 : optimizer.step()
> 편미분 값을 0으로 변경 : optimizer.zero_grad()

아래 코드의 16~19번째 줄에서 위의 4개 명령어를 사용하고 23~26번째 줄에서도 위의 4개 명령어를 사용했다.

```
1 import torch; import torch.nn as nn; torch.manual_seed(1)
2
3 input=torch.tensor([[1.0]], dtype=torch.float32)
4 target=torch.tensor([[0.1]], dtype=torch.float32)
5
6 net=nn.Sequential(nn.Linear(1,1), nn.Linear(1,1))
7
8 optimizer = torch.optim.SGD(net.parameters(), lr=0.1)
9
10 params=list(net.parameters( ))
11
12 print ('초깃값')
13 print ('w1=', params[0].data.item( )); print( )
14
15 print ('초깃값 1회 업데이트')
16 loss = (net(input)-target)**2
17 loss.backward( )
18 optimizer.step( )
19 optimizer.zero_grad( )
20 print ('w1=', params[0].data.item( )); print( )
21
22 print ('초깃값 2회 업데이트')
23 loss = (net(input)-target)**2
24 loss.backward( )
25 optimizer.step( )
26 optimizer.zero_grad( )
27 print ('w1=', params[0].data.item( ))
```

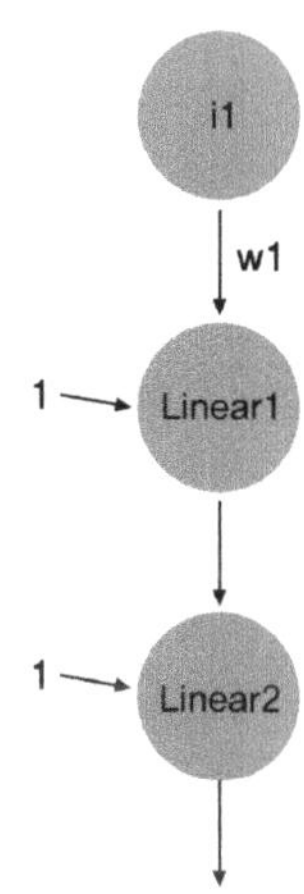


```
초깃값
w1= 0.5152631998062134

초깃값 1회 업데이트
w1= 0.529029130935669

초깃값 2회 업데이트
w1. 0.5401061773300171
```

예제4. 반복해서 사용하는 명령어를 for 문으로 처리할 수 있다. 신경망 파라미터 초깃값을 2회 업데이트하기 위하여 예제3에서 아래와 같이 16~19번째 줄의 명령어를 23~26번째 줄에서 반복해서 사용하고 있다.

```
16 loss = (net(input)-target)**2
17 loss.backward( )
18 optimizer.step( )
19 optimizer.zero_grad( )

23 loss = (net(input)-target)**2
24 loss.backward( )
25 optimizer.step( )
26 optimizer.zero_grad( )
```

이런 경우에 다음과 같이 for 문으로 동일 코드를 반복하지 않고 처리할 수 있다.

```
for iter in [0, 1]:
    loss = (net(input)-target)**2
    loss.backward( )
    optimizer.step( )
    optimizer.zero_grad( )
```

코드로 확인해 보자.

```
import torch; import torch.nn as nn; torch.manual_seed(1)

input=torch.tensor([[1.0]], dtype=torch.float32)
target=torch.tensor([[0.1]], dtype=torch.float32)

net=nn.Sequential(nn.Linear(1,1), nn.Linear(1,1))

optimzer = torch.optim.SGD(net.parameters( ), lr=0.1)

params=list(net.parameters( ))

for iter in [0,1]:
  loss = (net(input)-target)**2
  loss.backward( )
```

```
15   optimizer.step( )
16   optimizer.zero_grad( )
17
18 print('초깃값 2회 업데이트')
19 print('그림1에 있는 가중치 w1=',params[0].data.item( ))
```

```
초깃값 2회 업데이트
그림1에 있는 가중치 w1= 0.5401061773300171
```

|코드 설명|

12~16번째 줄: 4개 명령어(13~16번째 줄)을 2회 반복한다.

12: for문의 첫 번째 줄은 5개 요소를 가진다.

for, 변수명, in, 순서가 있는 값의 모임, 콜론(:)

각 요소는 다음과 같은 역할을 가진다.

- for: 반복문인 for문이 시작됨을 선언하는 예약어이다.
- 변수명: 변수명은 iter이고 다른 변수명을 사용해도 된다.
- in: 변수명 iter 다음에 오는 예약어이다.
- 순서가 있는 값의 모임: 변수 iter가 가지는 값을 순서대로 모아 놓은 것으로 대표적으로 리스트(list)가 있다.
- 콜론(:)은 for 문의 첫 번째 줄이 끝났음을 선언하는 역할을 한다.

첫 번째 줄의 전체 의미는 다음과 같다.

- iter=0일 때, for 문이 반복할 명령어(13~16번째 줄)을 순차적으로 실행한다.
- 이어서 iter=1일 때도 다시 for 문이 반복할 명령어(13~16번째 줄)을 순차적으로 실행한다.

13~16: for 문이 순차적으로 반복할 명령어이고 들여쓰기를 적용해야 한다.

19: for 문을 사용하여 얻은 결과와 4개 명령어를 반복해서 얻은 결과(예제3)이 동일하다.

[주의사항2] 위 코드 12번째 줄과 같이 for문의 첫 번째 줄의 끝에는 반드시 콜론(:)이 있어야 한다.

예제5. for문의 첫 번째 줄에서 변수 iter가 가지는 값을 함수 range( )로 나타내어 다음과 같이 초깃값을 10회 업데이트한다.

```
1 import torch; import torch.nn as nn; torch.manual_seed(1)
2
3 input=torch.tensor([[1.0]], dtype=torch.float32)
4 target=torch.tensor([[0.1]], dtype=torch.float32)
5
6 net=nn.Sequential(nn.Linear(1,1), nn.Linear(1,1))
7
8 optimzer = torch.optim.SGD(net.parameters( ), lr=0.1)
9
10 for iter in range(0,10):
11   loss = (net(input)-target)**2
12   print('파라미터 초깃값',iter,'회 업데이트: loss=', loss.data.item())
13   loss.backward( )
14   optimizer.step( )
15   optimizer.zero_grad( )
```

```
파라미터 초깃값 0회 업데이트: loss= 0.12605731189250946
파라미터 초깃값 1회 업데이트: loss= 0.07730768499493599
파라미터 초깃값 2회 업데이트: loss= 0.04727375507354736
파라미터 초깃값 3회 업데이트: loss= 0.028741957619786263
파라미터 초깃값 4회 업데이트: loss= 0.017394304275512695
파라미터 초깃값 5회 업데이트: loss= 0.010483269579708576
파라미터 초깃값 6회 업데이트: loss= 0.006295486353337765
파라미터 초깃값 7회 업데이트: loss= 0.0037692212499678135
파라미터 초깃값 8회 업데이트: loss= 0.0022511007264256477
파라미터 초깃값 9회 업데이트: loss= 0.0013417239533737302
```

|코드 설명|

10번째 줄: range(0,10)은 0부터 10미만의 정수(0, 1, 2, 3, 4, 5, 6, 7, 8, 9)를 생성한다.

아래 명령문과 동일한 의미이다.

for iter in [0,1,2,3,4,5,6,7,8,9]

12: 업데이트 횟수가 증가할수록 신경망 loss가 0에 가까워짐을 확인할 수 있다.

지금까지는 파라미터를 업데이트하는 명령어 optimizer.step( )의 다음 줄에 optimizer.zero_grad( )를 사용하여 편미분 값을 0으로 만들었지만, 일반적으로 optimizer.zero_grad( )를 먼저 실행하여 기존의 편미분 값을 0으로 만든 후에 loss.backward( )으로 새로운 편미분 값을 구하고 이어 optimizer.step( )으로 파라미터를 업데이트한다. 예제6에서 확인해보자.

예제6. 아래 코드는 예제5에서 편미분 값을 0으로 만드는 optimizer .zero_grad( )를 새로운 편미분 값을 구하는 명령어 loss.backward( )의 앞으로 이동한 코드이다.

```
import torch; import torch.nn as nn; torch.manual_seed(1)

input=torch.tensor([[1.0]], dtype=torch.float32)
target=torch.tensor([[0.1]], dtype=torch.float32)

net=nn.Sequential(nn.Linear(1,1), nn.Linear(1,1))

optimzer = torch.optim.SGD(net.parameters( ), lr=0.1)

for iter in range(0,10):
  optimizer.zero_grad( )
  loss = (net(input)-target)**2
  print('파라미터 초깃값',iter,'회 업데이트: loss=', loss.data.item( ))
  loss.backward( )
  optimizer.step( )
```

```
파라미터 초깃값 0회 업데이트: loss= 0.12605731189250946
파라미터 초깃값 1회 업데이트: loss= 0.07730768499493599
파라미터 초깃값 2회 업데이트: loss= 0.04727375507354736
파라미터 초깃값 3회 업데이트: loss= 0.028741957619786263
파라미터 초깃값 4회 업데이트: loss= 0.017394304275512695
파라미터 초깃값 5회 업데이트: loss= 0.010483269579708576
파라미터 초깃값 6회 업데이트: loss= 0.006295486353337765
파라미터 초깃값 7회 업데이트: loss= 0.0037692212499678135
파라미터 초깃값 8회 업데이트: loss= 0.0022511007264256477
파라미터 초깃값 9회 업데이트: loss= 0.0013417239533737302
```

실행 결과는 예제5와 동일함을 알 수 있다. 10번째 줄에서 iter=0일 때, 11번째 줄을 실행하면 편미분 값이 없으므로 편미분 값은 None이 되고(예제2에서 설명) error가 발생하지 않는다. 그러므로 파라미터 값을 업데이트하기 위하여 아래 순서대로 4개 명령어를 사용해도 된다.

편미분 값을 0으로 변경 : optimizer.zero_grad( )
신경망 loss 정의 : loss = (net(input)-target)**2
편미분 값 계산 : loss.backward( )
파라미터 값을 1회 업데이트 : optimizer.step( )

[부록6-1] 경사하강법

Step1. 음수가 아닌 값을 가지는 함수 $y=f(x)$와 실수 x_0가 주어졌고 하자.

Step2. $f(x_0)$보다 적도록 $f(x_1)$을 만들 수 있는 x_1을 찾으려고 한다.

즉, 부등식 $f(x_0)>f(x_1)$가 성립하도록 x_0를 업데이트한 x_1을 찾으려고 한다.

Step3. x_0를 업데이트한 x_1는 다음과 같다.

$$x_1 = x_0 - \eta \frac{df(x_0)}{dx} \quad (\eta\text{는 작은 양수})$$

이 공식을 설명하면 다음과 같다.

1	$\frac{df(x_0)}{dx} > 0$	$\frac{df(x_0)}{dx} < 0$
2	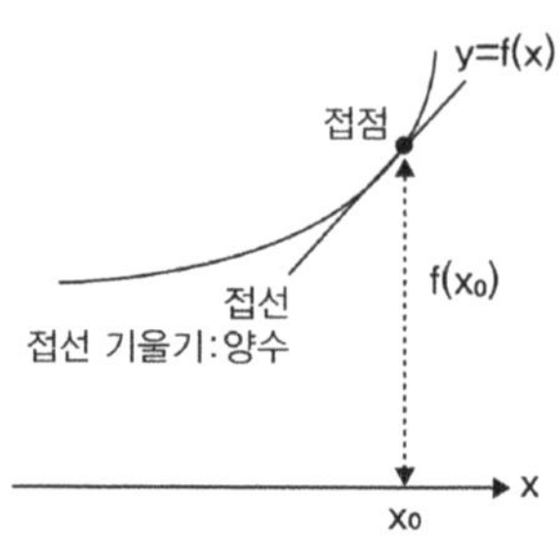	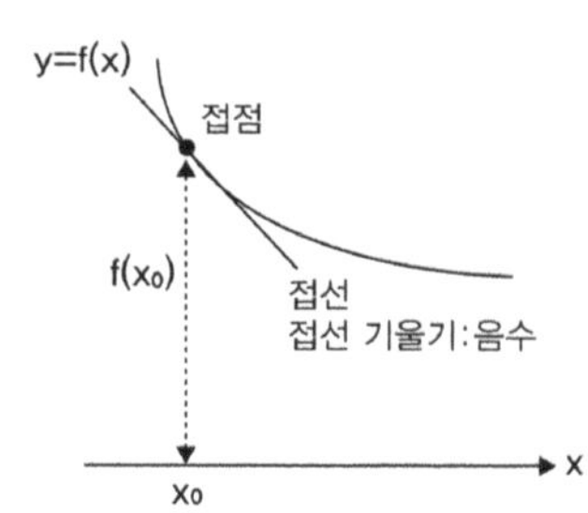

3	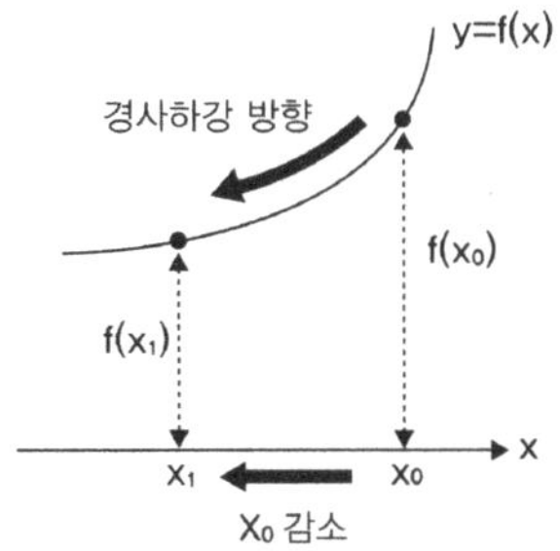	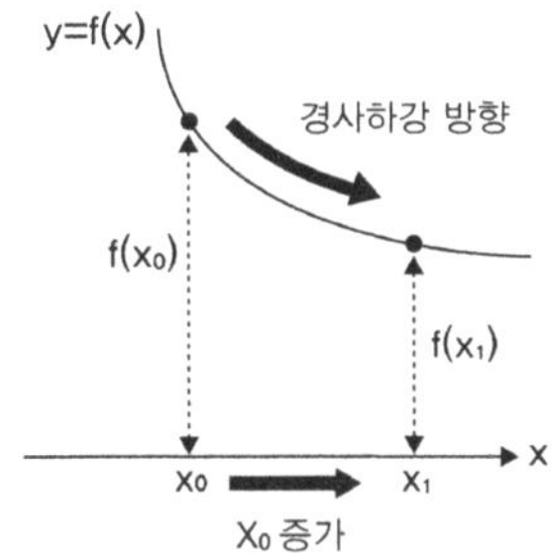
4	$x_1 = x_0 + $음수	$x_1 = x_0 + $양수
5	$\frac{df(x_0)}{dx}$: 양수$\Rightarrow -\frac{df(x_0)}{dx}$: 음수	$\frac{df(x_0)}{dx}$: 음수$\Rightarrow -\frac{df(x_0)}{dx}$: 양수
6	$x_1 = x_0 + $음수 $= x_0 + \eta\left\{-\frac{df(x_0)}{dx}\right\}$($\eta$ 작은 양수) $= x_0 - \eta\frac{df(x_0)}{dx}$	$x_1 = x_0 + $양수 $= x_0 + \eta\left\{-\frac{df(x_0)}{dx}\right\}$($\eta$ 작은 양수) $= x_0 - \eta\frac{df(x_0)}{dx}$
7	$x_1 = x_0 - \eta\frac{df(x_0)}{dx}$	

1번째 줄: 설명의 편의를 위하여 미분계수 $\frac{df(x_0)}{dx}$가 0이 되는 경우를 제외했다. $\frac{df(x_0)}{dx}$가 양수, 음수인 경우로 나눌 수 있다.

2: $\frac{df(x_0)}{dx}$는 접점 $(x_0, f(x_0))$에서 함수 $y=f(x)$의 접선의 기울기이므로

좌측 그림은 점 $(x_0, f(x_0))$ 근방에서 $\frac{df(x_0)}{dx} > 0$인 $y=f(x)$의 그래프이고

우측 그림은 점 $(x_0, f(x_0))$근방에서 $\frac{df(x_0)}{dx} < 0$인 $y=f(x)$의 그래프이다.

3: $f(x_0)$보다 적도록 $f(x_1)$을 만들 수 있는 x_1을 찾기 위해서는

$\frac{df(x_0)}{dx} > 0$인 경우는 x_0를 감소시켜야 하고(좌측 그림),

$\dfrac{df(x_0)}{dx} < 0$인 경우는 x_0를 증가시켜야 한다(우측 그림).

4: $\dfrac{df(x_0)}{dx} > 0$인 경우는 x_0를 감소시켜야 하므로 $x_1 = x_0 +$ 음수(좌측 그림) 이어야 하고 $\dfrac{df(x_0)}{dx} < 0$인 경우는 x_0를 증가시켜야 하므로 $x_1 = x_0 +$ 양수(우측 그림) 이어야 한다.

5: 좌측 그림은 $\dfrac{df(x_0)}{dx}$가 양수인 경우이므로 $-\dfrac{df(x_0)}{dx}$는 음수가 된다.
우측 그림은 $\dfrac{df(x_0)}{dx}$가 음수인 경우이므로 $-\dfrac{df(x_0)}{dx}$는 양수가 된다.

6: $\dfrac{df(x_0)}{dx} > 0$인 경우는 $x_1 = x_0 +$ 음수(좌측 그림) 이어야 하는데
$-\dfrac{df(x_0)}{dx}$가 음수이므로 다음과 같은 음수를 이용한다.

$$\text{음수} = \eta\left\{-\frac{df(x_0)}{dx}\right\} (\eta\text{는 작은 양수})$$

$\dfrac{df(x_0)}{dx} < 0$인 경우는 $x_1 = x_0 +$ 양수(우측 그림) 이어야 하는데
$-\dfrac{df(x_0)}{dx}$가 양수이므로 다음과 같은 양수를 이용한다.

$$\text{양수} = \eta\left\{-\frac{df(x_0)}{dx}\right\} (\eta\text{는 작은 양수})$$

7: $\dfrac{df(x_0)}{dx} > 0$인 경우와 $\dfrac{df(x_0)}{dx} < 0$인 경우 모두 동일한 형태의 업데이트 공식을 가진다.

$$x_1 = x_0 - \eta \frac{df(x_0)}{dx} \text{(}\eta\text{는 작은 양수)}$$

[부록6-2] 편미분 값을 출력하는 명령어

```
import torch; import torch.nn as nn; torch.manual_seed(1)
input=torch.tensor([[1.0]], dtype=torch.float32)
target=torch.tensor([[0.1]], dtype=torch.float32)
net=nn.Sequential(nn.Linear(1,1), nn.Linear(1,1))
params=list(net.parameters( ))
loss=(net(input)-target)**2
loss.backward( )
print('편미분 값')
print('w1으로 loss 편미분 값 =', params[0].grad.item( ))
print('b1으로 loss 편미분 값 =', params[1].grad.item( ))
print('w2으로 loss 편미분 값 =', params[2].grad.item( ))
print('b2으로 loss 편미분 값 =', params[3].grad.item( ))
```

```
편미분 값
w1으로 loss 편미분 값 = -0.13765929639339447
b1으로 loss 편미분 값 = -0.13765929639339447
w2으로 loss 편미분 값 = 0.0524650476872921
b2으로 loss 편미분 값 = 0.7100909948348999
```

연습문제

1. 학습데이터는 1개 순서쌍이고 input=[input1]=[[1.0, 2.0]]과 target=[target1]=[[0.1, 0.2, 0.3]]이다. 아래 신경망 파라미터의 초깃값은 torch.manual_seed(1)으로 생성되었다. 신경망을 100번 학습한 후에 신경망 loss을 출력하는 프로그램을 작성하시오.

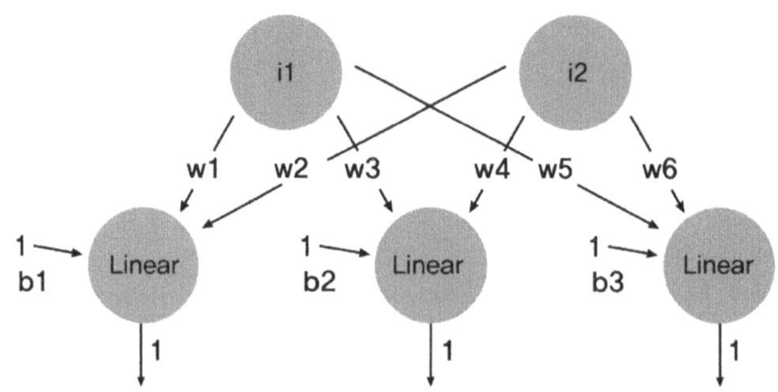

2. 학습데이터는 1개 순서쌍이고 input=[input1]=[[1.0, 2.0]]과 target=[target1]=[[0.1]]이다. 아래 신경망 파라미터의 초깃값은 torch.manual_seed(1)으로 생성되었다. 신경망을 100번 학습한 후에 신경망 loss을 출력하는 프로그램을 작성하시오.

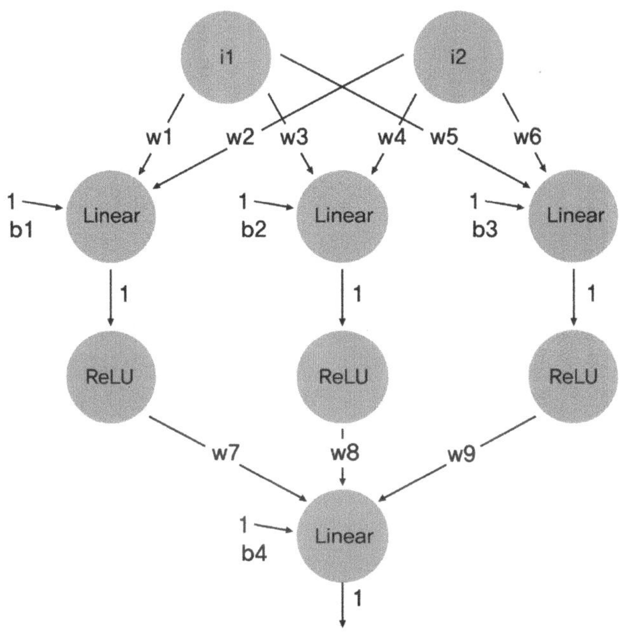

3. 학습데이터는 1개 순서쌍이고 input=[input1]=[[1.0]]과 target=[target1]=[[0.1, 0.2]]이다. 아래 신경망 파라미터의 초깃값은 torch.manual_seed(1)으로 생성되었다. 신경망을 100번 학습한 후에 신경망 loss을 출력하는 프로그램을 작성하시오.

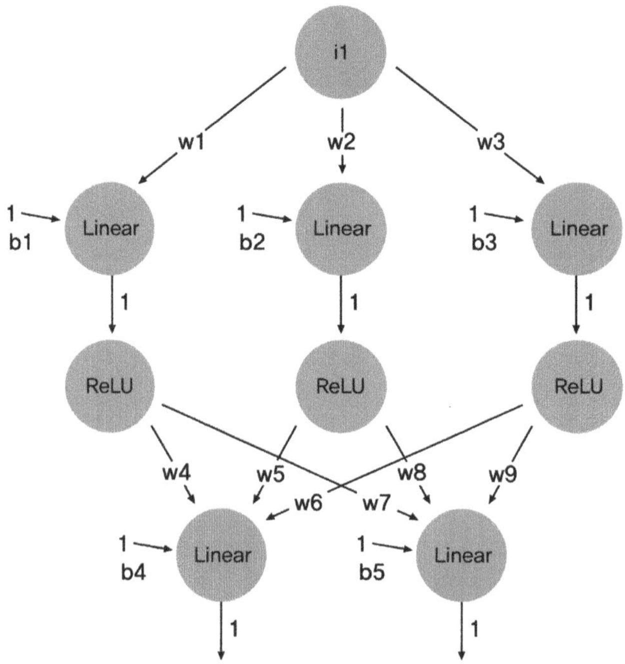

4. 학습데이터는 1개 순서쌍이고 input=[input1]=[[1.0, 2.0]]과 target=[target1]=[[0.1, 0.2, 0.3]]이다. 아래 신경망 파라미터의 초깃값은 torch.manual_seed(1)으로 생성되었다. 신경망을 100번 학습한 후에 신경망 loss을 출력하는 프로그램을 작성하시오.

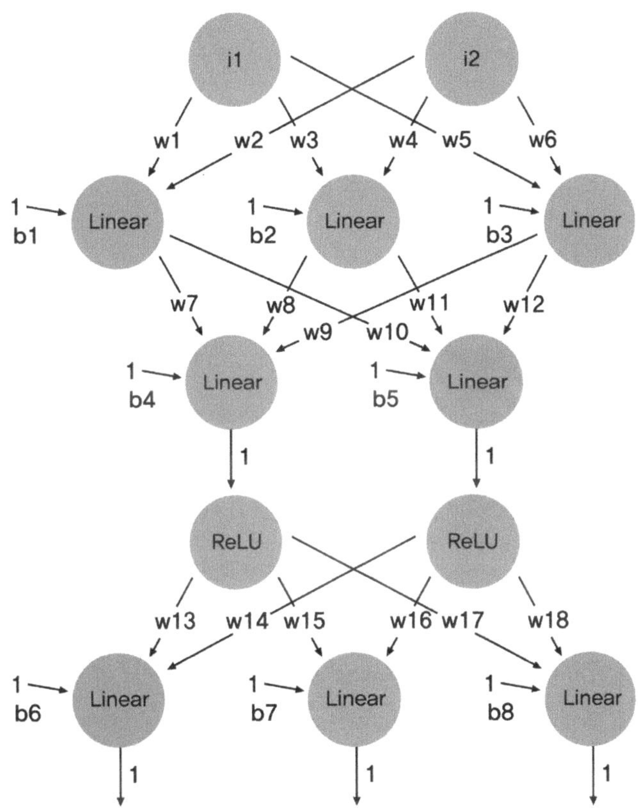

제7장 신경망을 저장하고 불러오기

아래 코드로 신경망 net을 학습한 후, 구글 드라이브에 저장하고 저장된 net을 Colab에서 호출하여 사용하는 방법을 알아보자.

```
import torch; import torch.nn as nn; torch.manual_seed(1)

input=torch.tensor([[1.0], [2.0], [3.0]])
target=torch.tensor([[0.1], [0.2], [0.3]])

net=nn.Linear(1,1)

optimizer = torch.optim.SGD(net.parameters(), lr=0.1)

for iter in range(0,100):
  optimizer.zero_grad( )
  loss = (net(input)-target).pow(2).mean( )
  loss.backward( )
  optimizer.step( )
```

Colab에서 학습된 신경망을 구글 드라이브에 저장하려면, 먼저 자신의 구글 드라이브를 마운트시켜야 한다. 마운트 명령어를 실행함으로써 Colab과 자신의 구글 드라이브를 연동하게 된다(PART I). 자신의 구글 드라이브를 마운트시킨 후, 신경망을 학습하고 학습된 신경망을 자신의 구글 드라이브에 저장한다(PART II). 마지막으로 저장된 신경망을 Colab에서 호출하여(PART III) 사용하는 명령어를 알아보자(PART IV).

PART I. 구글 드라이브를 마운트

아래 단계를 거쳐 자신의 구글 드라이브를 마운트한다.

(1) 아래 코드를 실행한다.

```
1 from google.colab import drive
2 drive.mount('/content/gdrive')
```

코드 실행 결과는 다음과 같다.

```
Go to this URL in a browser: https://accounts.google.com/o/oauth2/auth?client_id=947318989
Enter your authorization code:
```

(2) 아래 밑 줄 그은 주소 위에 마우스 포인터를 놓고 클릭한다.

```
Go to this URL in a browser:
https://accounts.google.com/o/oauth2/auth?client_id=947318989803-6bn6qk8qdgf4n4g3pfee6491l
```

(3) 아래 **본인 이름 이메일 주소** 위에 마우스 포인터를 놓고 클릭한다. 구글 계정이 있으면 본인 이름과 이메일 주소가 나오지만, 구글 계정이 없으면 구글 계정을 만들면 된다.

(4) 아래에서 **허용**을 클릭한다.

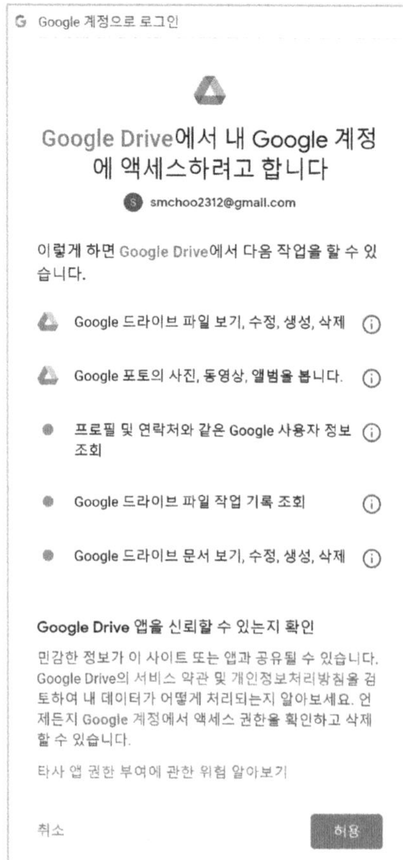

(5) 아래에서 를 마우스로 클릭한다. 그러면 컴퓨터의 임시 저장 공간인 클립보드에 코드가 복사된다.

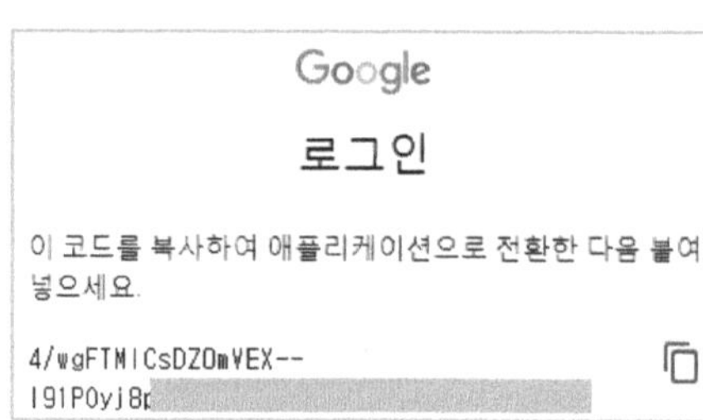

(6) 위의 (1)에서 얻은 Colab으로 돌아간다. 그리고 마우스로 아래 굵은 테두리로 둘러싸인 직사각형 내부를 클릭한다.

```
Go to this URL in a browser: https://accounts.google.com/o/oauth2/auth?client_id=947318989
Enter your authorization code:
```

키보드에서 Ctrl과 V를 동시에 클릭하면, 다음과 같이 (5)에서 클립보드에 복사한 코드가 붙여진다. 복사한 코드 마지막 뒤에 커서를 위치시킨 후, 키보드에서 Enter키를 클릭한다.

```
1 from google.colab import drive
2 drive.mount('/content/gdrive')

Go to this URL in a browser: https://accounts.google.com/o/oauth2/auth?client_id=947318989
Enter your authorization code:
4/                                614
```

(7) 아래 출력을 얻게 된다.

```
1 from google.colab import drive
2 drive.mount('/content/gdrive')

Mounted at /content/gdrive
```

이는 content 밑에 있는 구글 드라이브(gdrive)에 접근하여 파일을 저장하거나 읽어 올 수 있게 되었다는 의미이다. 이를 구글 드라이브가 마운트 되었다고 한다.

이제 마운트가 된 상태에서 신경망 학습과 학습된 신경망 저장에 대하여 알아보자.

PART II. 신경망 학습과 저장

설명의 편의성을 위하여 구글 드라이브가 항상 마운트되도록 신경망을 학습하는 코드 앞에 마운트 명령어를 추가했다.

```
1 from google.colab import drive
2 drive.mount('/content/gdrive')
3 print( )
4
5 import torch; import torch.nn as nn; torch.manual_seed(1)
6
7 input=torch.tensor([[1.0], [2.0], [3.0]])
8 target=torch.tensor([[0.1], [0.2], [0.3]])
9
10 net1=nn.Linear(1,1)
11
12 optimizer = torch.optim.SGD(net1.parameters( ), lr=0.1)
13
14 for iter in range[0,100]:
15   optimizer.zero_grad( )
16   loss = (net1(input)-target).pow(2).mean( )
17   loss = backward( )
18   optimizer.step( )
19
20 print("학습된 net1의 파라미터:", list(net1.parameters( )))
21
22 torch.save(net1.state_dict( ), "/content/gdrive/My Drive/net1_parameters.pt")
```

```
Drive already mounted at /content/gdrive; to attempt to forcibly remount
학습된 net1의 파라미터: [Parameter containing:
tensor([[0.1202]], requires_grad=True), Paramter containing:
tensor([-0.0459], requires_grad=True)]
```

(1) 신경망 학습

위의 코드 5~18번째 줄에서 신경망 net1을 100번 학습한다(제6장 참고). 20번째 줄을 실행하여 학습된 신경망 net1의 파라미터를 출력한다.

(2) 학습된 신경망을 구글 드라이브에 저장

위의 코드 22번째 줄에서 학습된 신경망 net1의 net1.state_dict( )를 자신의 구글 드라이브에 파일명 net1_parameters.pt로 저장한다. 즉, 신경망 net1을 저장한다는 것은 net1.state_dict( )를 저장한다는 의미이다.

(3) 학습된 신경망의 저장 내용

신경망 net1을 저장한다는 것은 net1.state_dict( )를 저장하는 것이므로 다음과 같이 net1.state_dict( )을 출력하면 신경망 net1의 저장 내용을 알 수 있다.

```
1 import torch; import torch.nn as nn; torch.manual_seed(1)
2
3 net1=nn.Linear(1,1)
4
5 for key in net1.state_dict( ):
6     print(key,": ", net1.state_dict( )[key])
```

```
weight : tensor([[0.5153]])
bias : tensor([-0.4414])
```

신경망 net1

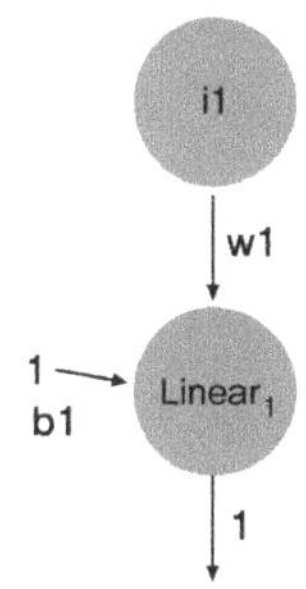

|코드 설명|

3번째 줄: 신경망 net1의 그림은 우측과 같이 1개 입력노드와 1개 출력노드로 구성된 신경망이다. 가중치(weight w1)와 편향치(bias b1)은 각각 하나이다.

5~6번째 줄: net1.state_dict( )의 출력 결과를 보면 net1.state_dict( ) 내부에 (weight, weight의 값), (bias, bias의 값)의 순서로 저장되어 있음을 알 수 있다.

- 처음으로 5번째 줄을 실행하면 변수 key(다른 변수 이름도 가능)에는 net1.state_dict( )에 제일 먼저 저장된 순서쌍의 좌측 성분(일반적으로 key라고 함)이 저장된다. 6번째 줄을 실행하면 key에는 파라미터 이름인 weight가 저장됨을 알 수 있다. 여기서 weight는 기중치 w1을 나타낸다. key=weight일 때, net1.state_dict( )[key]이 가지는 값은 [[0.5153]]으로 가중치 w1이 가지는 값이고 이를 key 값(value)이라고 한다. 즉, key를 이용하여 net1.state_dict ( )에 저장된 파라미터의 값에 접근할 수 있다. net1.state_dict( ) 내부에 제일 먼저 저장된 순서쌍 (key : value)는 ('weight' : [[0.5153]])이다.

- 두 번째로 5번째 줄을 실행하면 key는 net1.state_dict( )에 두 번째로 저장된 순서쌍의 좌측 성분이 저장된다. 6번째 줄을 실행하면 key에는 파라미터 이름인 bias가 저장됨을 알 수 있다. 여기서 bias는 편향치 b1을 나타낸다. key=bias일 때, net1.state_dict( )[key]이 가지는 값은 [-0.4414]으로 편향치 b1이 가지는 값이다. 따라서 net1.state_dict( )에 두 번째로 저장된 순서쌍 (key : value)는 ('bias' : [-0.4414])이다.

따라서 net1.state_dict( )에는 입력층부터 순방향으로 신경망 net1의 가중치와 편향치 정보를 저장된다. 아래 예제를 이용하여 이러한 내용을 확인해 보자.

예제1. 아래 신경망 net에서 입력층부터 순방향의 순서로 가중치와 편향치를 차례대로 적으면 다음과 같다.

0번째: 2층 노드에 도착하는 화살표의 가중치 ('0.weight' : [[w1, w2]])
0번째: 2층 노드에 도착하는 화살표의 편향치 ('0.bais' : [b1])
1번째: 3층 노드에 도착하는 화살표의 가중치 ('1.weight' : [[w3]])
1번째: 3층 노드에 도착하는 화살표의 편향치 ('1.bais' : [b2])
2번째: 4층 노드에 도착하는 화살표의 가중치와 편향치는 없음

위와 같은 순서대로 신경망 net이 저장되기 때문에 파라미터 값뿐만 아니라 신경망 net 구조도 저장됨을 알 수 있다.

```python
import torch; import torch.nn as nn; torch.manual_seed(1)

net=nn.Sequential(
        nn.Linear(2,1),
        nn.Linear(1,1),
        nn.ReLU( )
)

for key in net.state_dict( ):
    print(key,": ", net.state_dict( )[key])
```

```
0.weight : tensor([[0.3643, -0.3121]])
0.bias : tensor([-0.1371])
1.weight : tensor([[0.4694]])
1.bias : tensor([-0.9414])
```

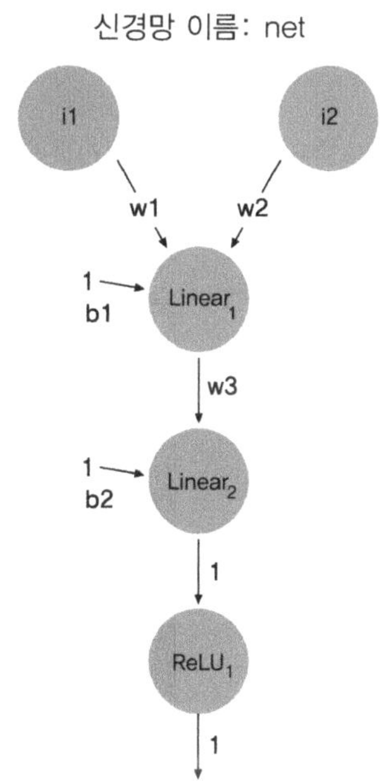

예제2. 아래 신경망 net에서 입력층부터 순방향의 순서로 가중치와 편향치를 차례대로 적으면 다음과 같다.

0번째: 1층 노드에 도착하는 화살표의 가중치 ('0.weight' : [[w1, w2]])
0번째: 1층 노드에 도착하는 화살표의 편향치 ('0.bais' : [b1])
1번째: 2층 노드에 도착하는 화살표의 가중치와 편향치는 없음
2번째: 3층 노드에 도착하는 화살표의 가중치 ('2.weight' : [[w3]])
2번째: 3층 노드에 도착하는 화살표의 편향치 ('2.bais' : [b2])

위와 같은 순서대로 신경망 net이 저장되기 때문에 파라미터 값뿐만 아니라 신경망 net 구조도 저장됨을 알 수 있다(부록 7-1).

```python
import torch; import torch.nn as nn; torch.manual_seed(1)

net=nn.Sequential(
        nn.Linear(2,1),
        nn.ReLU( ),
        nn.Linear(1,1)
)

for key in net.state_dict( ):
    print(key,": ", net.state_dict( )[key])
```

```
0.weight : tensor([[0.3643, -0.3121]])
0.bias : tensor([-0.1371])
1.weight : tensor([[0.4694]])
1.bias : tensor([-0.9414])
```

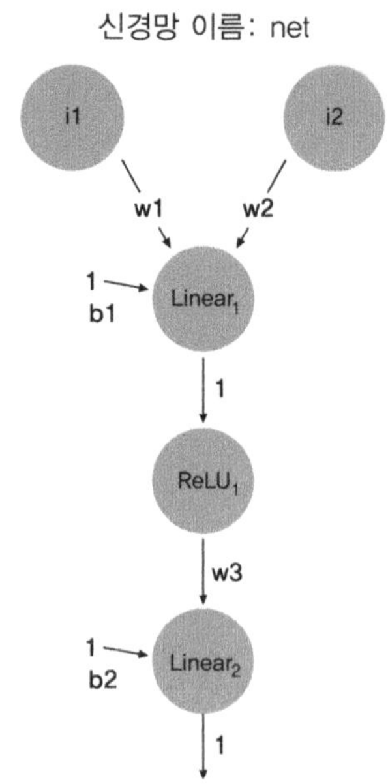

PART III. 저장된 신경망을 불러오기

학습된 신경망 net1의 파라미터 값을 저장한 net1_parameters.pt(PART II)를 불러오기 전에 net1과 동일한 구조를 가지는 신경망 net을 정의(아래 코드 7번째 줄) 해야 한다.

net1의 파라미터 값과 비교하기 위하여 net의 파라미터 값을 출력한다(코드 9번째 줄). 그리고 함수 torch.load를 사용하여 학습된 net1의 파라미터 값을 저장한 파일 /content/gdrive/My Drive/net1_parameters.pt를 불러와서 함수 net.load_state_dict에 대입(코드 11번째 줄)하면 신경망 net의 파라미터 값은 학습한 net1의 파라미터 값으로 변경된다. 이를 확인하기 위하여 신경망 net의 파라미터를 출력(코드 12번째 줄)하면 학습한 net1의 파라미터 값과 같고(PART II) 앞서 출력한 net의 파라미터 값(코드 9번째 줄)과 다름을 알 수 있다.

```
from google.colab import drive
drive.mount('/content/gdrive')
print()

import torch; import torch.nn as nn; torch.manual_seed(1)

net=nn.Linear(1,1)

print("저장된 net1 파라미터 값을 불러오기 전, net의 파라미터:", list(net.parameters())):print()

net.load_state_dict(torch.load("/content/gdrive/My Drive/net1_parameters.pt"))
print("저장된 net1 파라미터 값을 불러와서, net의 파라미터 값으로 교체한 후, net의 파라미터:", list(net.parameters()))
```

```
Drive already mounted at /content/gdrive; to attempt to forcibly remount, call drive.mount("/content/gdrive",
force_rem
저장된 net1 파라미터 값을 불러오기 전, net의 파라미터: [Parameter containing:
tensor([[0.5153]], requires_grad=True), Parameter containing:
tensor([-0.4414], requires_grad=True)]
저장된 net1 파라미터 값을 불러와서 net 파라미터 값으로 교체한 후, net의 파라미터: [Parameter containing:
tensor([[0.1202]], requires_grad=True), Parameter containing:
tensor([-0.0459], requires_grad=True)]
```

PART IV. 불러온 신경망을 사용하기

아래 코드 11번째 줄을 실행하면 신경망 net의 파라미터 값은 불러온 신경망 net1의 파라미터 값이 된다. 이제 net은 학습된 신경망으로 더 이상 학습 단계를 거치지 않고 net에 input(7번째 줄)을 대입하여 net(input)과 같이 사용할 수 있다(12번째 줄).

```
1 from google.colab import drive
2 drive.mount('/content/gdrive')
3 print()
4
5 import torch; import torch.nn as nn; torch.manual_seed(1)
6
7 input=torch.tensor([4.0])
8
9 net=nn.Linear(1,1)
10
11 net.load_state_dict(torch.load("/content/gdrive/My Drive/net1_parameters.pt"))
12 print("불러온 신경망으로 예측한 값:",net(input).data)
```

```
Drive already mounted at /content/gdrive; to attempt to forcibly remount, call dri
불러온 신경망으로 예측한 값: tensor([0.4349])
```

[부록 7-1] net.state_dict( )에 포함된 key와 value

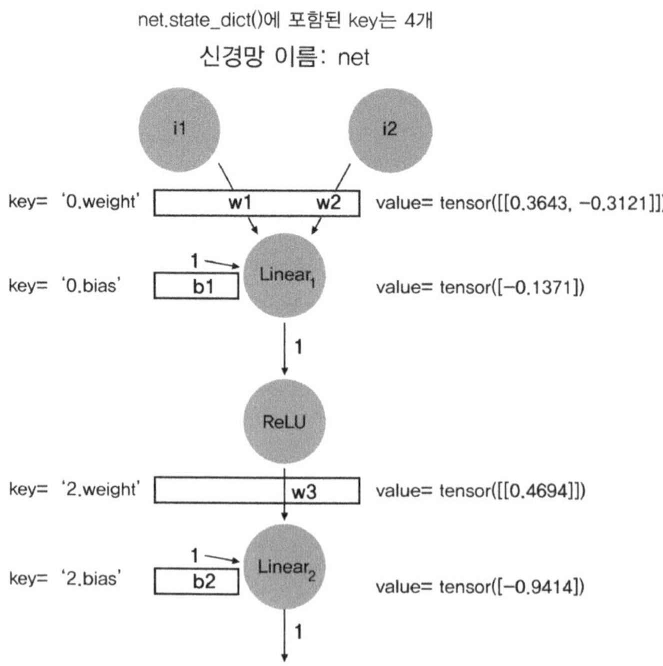

연습문제

1. 학습데이터는 input=[[1.0, 2.0]]과 target=[[0.3]]의 순서쌍이다. 아래 신경망을 net2라고 하고 파라미터의 초깃값은 torch.manual_seed(1)으로 생성하자. 신경망 net2의 파라미터를 제7장과 같은 방법으로 100번 학습한 후에 자신의 구글 드라이브에 파일명 net2_parameters.pt로 저장하는 프로그램을 작성하시오. 그리고 저장한 신경망 net2를 새로운 Colab 파일에서 불러온 후, input=[[3.0, 4.0]]을 불러온 신경망 net2에 대입하여 net2(input)을 출력하는 프로그램을 작성하시오.

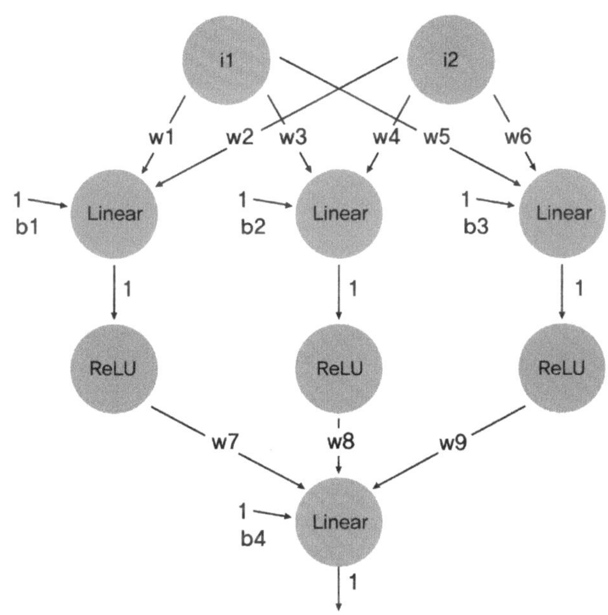

2. 학습데이터는 input=[[1.0]]과 target=[[0.2, 0.3]]의 순서쌍이다. 아래 신경망을 net3라고 하고 파라미터의 초깃값은 torch.manual_seed(1)으로 생성하자. 신경망 net3의 파라미터를 제7장과 같은 방법으로 100번 학습한 후에 자신의 구글 드라이브에 파일명 net3_parameters.pt로 저장하는 프로그램을 작성하시오. 그리고 저장한 신경망 net3를 새로운 Colab 파일에서 불러온 후, input=[[2.0]]을 불러온 신경망 net3에 대입하여 net3(input)을 출력하는 프로그램을 작성하시오,

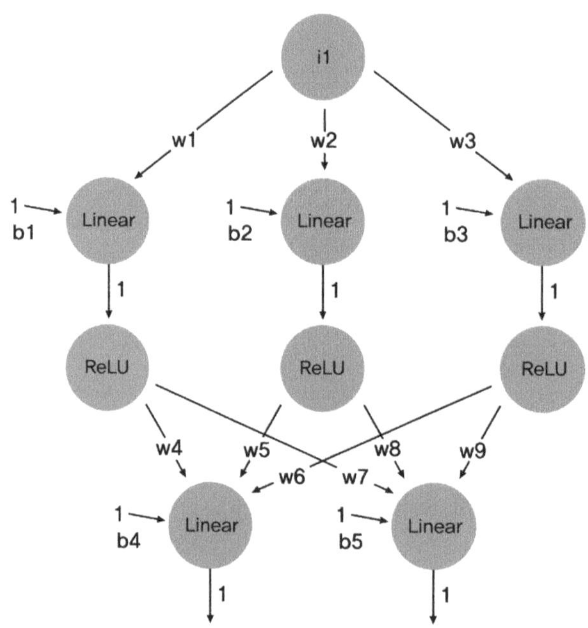

3. 학습데이터는 input=[[1.0, 2.0]]과 target=[[0.3, 0.4, 0.5]]의 순서쌍이다. 아래 신경망을 net4라고 하고 파라미터의 초깃값은 torch.manual_seed(1)으로 생성하자. 신경망 net4의 파라미터를 제7장과 같은 방법으로 100번 학습한 후에 자신의 구글 드라이브에 파일명 net4_parameters.pt로 저장하는 프로그램을 작성하시오. 그리고 저장한 신경망 net4를 새로운 Colab 파일에서 불러온 후, input=[[3.0, 4.0]]을 불러온 신경망 net4에 대입하여 net4(input)을 출력하는 프로그램을 작성하시오,

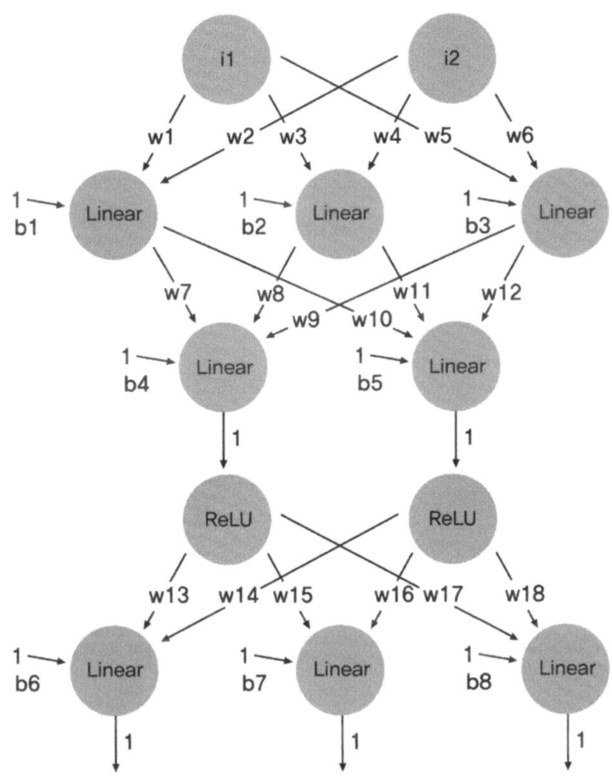

제8장 데이터를 분할하여 신경망을 학습

주어진 데이터를 신경망 학습에 사용하는 학습데이터(train data)와 학습된 신경망의 성능 검증에 사용하는 검증데이터(test data)로 분할한다. 그리고 전체 학습데이터를 부분집합으로 분할한 후, 각 부분집합으로 파라미터를 1회 업데이트한다. 검증데이터는 신경망 학습에 사용되지 않는다. 그림1에 주어진 데이터와 신경망 그림을 사용하여 이러한 분할 과정과 파라미터 업데이트를 단계별로 알아보자.

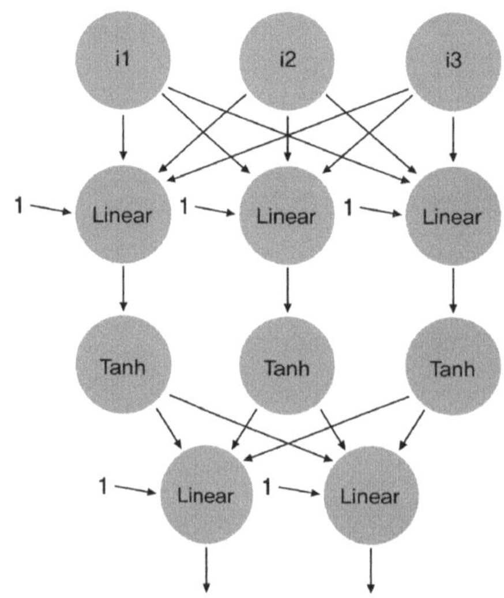

input1 =[1.1, 1.2, 1.3], target1 =[0.11, 0.12]
input2 =[2.1, 2.2, 2.3], target2 =[0.21, 0.22]
input3 =[3.1, 3.2, 3.3], target3 =[0.31, 0.32]
input4 =[4.1, 4.2, 4.3], target4 =[0.41, 0.42]
input5 =[5.1, 5.2, 5.3], target5 =[0.51, 0.52]
input6 =[6.1, 6.2, 6.3], target6 =[0.61, 0.62]
input7 =[7.1, 7.2, 7.3], target7 =[0.71, 0.72]
input8 =[8.1, 8.2, 8.3], target8 =[0.81, 0.82]
input9 =[9.1, 9.2, 9.3], target9 =[0.91, 0.92]
input10 =[10.1, 10.2, 10.3], target10 =[0.1, 0.1]

그림1. 10개 순서쌍 [input1, target1], … , [input10, target10]으로 주어진 데이터와 신경망

PART I. 구글 드라이브 마운트

데이터를 구글 드라이브에 저장하고 저장된 데이터를 Colab에서 불러오기 위해서는 구글 드라이브와 Colab을 연동시켜야 한다. 이러한 연동은 다음과 같이 구글 드라이브를 마운트함으로써 가능하다.

```
############# START: 데이터 전처리(Data Preprocessing) #############

##### 구글 드라이브 마운트
from google.colab import drive
drive.mount('/content/gdrive')
```

위 명령어를 실행하여 구글 드라이브를 마운트시키는 과정은 제7장에서 다루었다.

PART II. 그림1의 데이터를 파일 toyData.csv로 저장

그림1에 있는 input1, … , input10의 0, 1, 2번째 요소를 각각 feature1, feature2, feature3라고 하자(아래 그림2). 그리고 target1, … , target10의 0, 1번째 요소를 각각 response1, response2라고 한 후, 엑셀을 이용하여 그림2와 같은 데이터를 만든다. 이 데이터를 자신의 컴퓨터에 파일명 toyData.csv로 저장한다. 구글에서 "엑셀 csv"로 검색하면 csv 파일을 만드는 방법을 소개한 사이트를 찾을 수 있다.

	A	B	C	D	E
1	feature1	feature2	feature3	response1	response2
2	1.1	1.2	1.3	0.11	0.12
3	2.1	2.2	2.3	0.21	0.22
4	3.1	3.2	3.3	0.31	0.32
5	4.1	4.2	4.3	0.41	0.42
6	5.1	5.2	5.3	0.51	0.52
7	6.1	6.2	6.3	0.61	0.62
8	7.1	7.2	7.3	0.71	0.72
9	8.1	8.2	8.3	0.81	0.82
10	9.1	9.2	9.3	0.91	0.92
11	10.1	10.2	10.3	0.101	0.102

그림2. 엑셀로 만든 파일 toyData.csv

[참고1] csv 파일로 저장하여 파일 크기 줄이기

확장자 csv는 comma-separated values의 약자로서, csv 파일로 저장하면 그림2의 각 셀에 있는 데이터를 feature1, feature2, feature3, response1, response2, 1.1, 1.2, 1.3, 0.11, 0.12, … 와 같이 comma를 사용하여 규칙적으로 구분하여 저장한다. 이런 규칙적 구분으로 인하여 csv 파일로 저장하면 파일 크기가 1kb이지만 엑셀의 일반적인 확장자 xlsx로 저장하면 10kb가 된다.

PART III. 파일 toyData.csv를 구글 드라이브로 업로드(upload)

자신의 구글 드라이브(https://drive.google.com/drive/my-drive)에 접속한다(아래 화면).

위 화면에서 "**새로 만들기**"를 클릭하면 아래 화면이 생긴다.

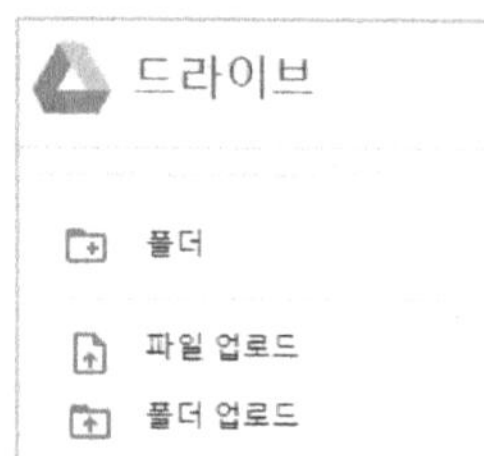

위 화면에서 "**파일 업로드**"를 클릭하면 다음과 같이 자신의 컴퓨터에서 윈도우 탐색기가 열린다.

열린 탐색기에서 toyData.csv를 저장한 위치(PART II)로 이동하여 toyData.csv를 클릭하면 다음과 같이 자신의 구글 드라이브(https://drive.google.com/drive/my-drive)에 toyData.csv가 업로드된다.

PART IV. 구글 드라이브에 있는 toyData.csv를 Colab으로 불러오기

자신의 구글 드라이브에 있는 toyData.csv를 호출해서 다음과 같이 변수 toyData에 저장한다. 저장된 내용은 엑셀의 표와 같다.

파일: toyData.csv

feature1	feature2	feature3	response1	response2
1.1	1.2	1.3	0.11	0.12
2.1	2.2	2.3	0.21	0.22
3.1	3.2	3.3	0.31	0.32
4.1	4.2	4.3	0.41	0.42
5.1	5.2	5.3	0.51	0.52
6.1	6.2	6.3	0.61	0.62
7.1	7.2	7.3	0.71	0.72
8.1	8.2	8.3	0.81	0.82
9.1	9.2	9.3	0.91	0.92
10.1	10.2	10.3	0.101	0.102

변수: toyData

feature1	feature2	feature3	response1	response2
1.1	1.2	1.3	0.11	0.12
2.1	2.2	2.3	0.21	0.22
3.1	3.2	3.3	0.31	0.32
4.1	4.2	4.3	0.41	0.42
5.1	5.2	5.3	0.51	0.52
6.1	6.2	6.3	0.61	0.62
7.1	7.2	7.3	0.71	0.72
8.1	8.2	8.3	0.81	0.82
9.1	9.2	9.3	0.91	0.92
10.1	10.2	10.3	0.101	0.102

이러한 호출과 저장 과정을 코드로 나타내면 다음과 같다.

```

##### 구글 드라이브에서 toyData.csv 읽어오기
import pandas as pd
toyData=pd.read_csv("/content/gdrive/My Drive/toyData.csv")
print(toyData)
```

```
   feature1  feature2  feature3  response1  response2
0       1.1       1.2       1.3      0.110      0.120
1       2.1       2.2       2.3      0.210      0.220
2       3.1       3.2       3.3      0.310      0.320
3       4.1       4.2       4.3      0.410      0.420
4       5.1       5.2       5.3      0.510      0.520
5       6.1       6.2       6.3      0.610      0.620
```

6	7.1	7.2	7.3	0.710	0.720
7	8.1	8.2	8.3	0.810	0.820
8	9.1	9.2	9.3	0.910	0.920
9	10.1	10.2	10.3	0.101	0.102

|코드 설명|

8번째 줄: csv 파일을 엑셀의 표와 같은 구조로 변환하기 위하여 파이썬 라이브러리인 pandas를 가져온다.

9번째 줄 등호의 우변: PART I에서 마운트한 /content/gdrive/ 뒤에 불러올 파일(toyData.csv)이 저장된 위치(My Drive/)를 적고 마지막으로 toyData.csv를 적어서('/content/gdrive/My Drive/toyData.csv') 함수 pd.read_csv에 대입한다.

9번째 줄 등호의 좌변: 변수 toyData에 저장되는 것은 함수 pd.read_csv가 리턴하는 것이고 데이터 구조는 pandas의 DataFrame이고 출력(10번째 줄)하면 엑셀의 표와 같은 구조임을 알 수 있다. 파일 toyData.csv에 행 인덱스가 없으므로 자동으로 행 인덱스는 숫자 0, 1, … , 9가 된다.

앞으로 지금까지 사용한 용어인 학습(learning)을 훈련(train)이라도 하겠다. 즉, 훈련데이터는 제7장까지 사용했던 학습데이터와 동일한 용어로 생각하면 된다.

PART V. 변수 toyData에 저장된 데이터를 훈련데이터와 검증데이터로 분할

(1) 먼저, 변수 toyData에 저장된 데이터를 다음과 같이 신경망의 입력으로 사용하기 위하여 feature1, feature2, feature3 열을 모아 놓은 데이터(X)와 타겟으로 사용하기 위하여 response1, response2 열을 모아 놓은 데이터(Y)로 분리한다. 분리 결과를 보면 열 이름(label)이 제거되었음을 알 수 있다.

변수: toyData

feature1	feature2	feature3	response1	response2
1.1	1.2	1.3	0.11	0.12
2.1	2.2	2.3	0.21	0.22
3.1	3.2	3.3	0.31	0.32
4.1	4.2	4.3	0.41	0.42
5.1	5.2	5.3	0.51	0.52
6.1	6.2	6.3	0.61	0.62
7.1	7.2	7.3	0.71	0.72
8.1	8.2	8.3	0.81	0.82
9.1	9.2	9.3	0.91	0.92
10.1	10.2	10.3	0.101	0.102

⇨

변수: X

1.1	1.2	1.3
2.1	2.2	2.3
3.1	3.2	3.3
4.1	4.2	4.3
5.1	5.2	5.3
6.1	6.2	6.3
7.1	7.2	7.3
8.1	8.2	8.3
9.1	9.2	9.3
10.1	10.2	10.3

변수: Y

0.11	0.12
0.21	0.22
0.31	0.32
0.41	0.42
0.51	0.52
0.61	0.62
0.71	0.72
0.81	0.82
0.91	0.92
0.101	0.102

이와 같이 DataFrame 자료형 toyData를 X와 Y로 분리하는 과정을 코드로 나타내면 다음과 같다.

```
11
12 ##### toyData를 훈련데이터와 검증데이터로 분할
13 #Step1. toyData를 X(feature)과 Y(response) 분리
14 import numpy as np
15 feature_label=['feature1','feature2','feature3']
16 X=toyData.loc[:,feature_label].to_numpy( )#loc=location
17 response_label=['response1','response2']
18 Y=toyData.loc[:,response_label].to_numpy( )
19 print('X=', X);print( )
20 print('Y=', Y);print( )
```

```
X= [[1.1  1.2  1.3]      Y= [[0.11  0.12]
 [2.1  2.2  2.3]          [0.21  0.22]
 [3.1  3.2  3.3]          [0.31  0.32]
 [4.1  4.2  4.3]          [0.41  0.42]
 [5.1  5.2  5.3]          [0.51  0.52]
 [6.1  6.2  6.3]          [0.61  0.62]
 [7.1  7.2  7.3]          [0.71  0.72]
 [8.1  8.2  8.3]          [0.81  0.82]
 [9.1  9.2  9.3]          [0.91  0.92]
 [10.1 10.2 10.3]]        [0.101  0.102]]
```

|코드 설명|

14번째 줄: numpy는 행렬이나 다차원 배열을 처리할 때 사용하는 파이썬 라이브러리이다. numpy를 사용하여 DataFrame 자료형을 행렬과 같은 ndarray 자료형으로 변환한다.

15: 열 이름(label) 중, feature에 해당하는 열 이름(feature1, feature2, feature3)를 각각 문자열('feature1', 'feature2', 'feature3')로 나타낸 후, 리스트 자료형으로 묶어서(['feature1', 'feature2', 'feature3']) 변수 feature_label에 저장한다.

16: toyData(PART IV에서 정의)에 있는 데이터 중에서 행과 열의 위치가 (행, 열)=(모든 행, feature_label에 있는 열)인 데이터(toyData.loc[:, feature_label])을 numpy 자료형으로 변환(toyData.loc[:, feature_label].to_numpy( ))하여 변수 X에 저장한다.

17: 열 이름(label) 중, response에 해당하는 열 이름(response1, response2)를 각각 문자열('response1', 'response2')로 나타낸 후, 리스트 자료형으로 묶어서(['response1', 'response2']) 변수 response_label에 저장한다.

18: toyData(PART IV에서 정의)에 있는 데이터 중에서 행과 열의 위치가 (행, 열)=(모든 행, response_label에 있는 열)인 데이터(toyData.loc[:, response_label])을 numpy 자료형으로 변환(toyData.loc[:, response_label].to_numpy( ))하여 변수 Y에 저장한다.

19: 변수 X의 출력에서 X가 10x3 행렬임을 확인할 수 있다.

20: 변수 Y의 출력에서 Y가 10x2 행렬임을 확인할 수 있다.

(2) 입력을 나타내는 X를 다음과 같이 훈련용 입력데이터(trainX_np)와 검증용 입력데이터(testX_np)로 분할한다.

X

1.1	1.2	1.3
2.1	2.2	2.3
3.1	3.2	3.3
4.1	4.2	4.3
5.1	5.2	5.3
6.1	6.2	6.3
7.1	7.2	7.3
8.1	8.2	8.3
9.1	9.2	9.3
10.1	10.2	10.3

⇨

trainX_np

1.1	1.2	1.3
2.1	2.2	2.3
3.1	3.2	3.3
4.1	4.2	4.3
5.1	5.2	5.3
6.1	6.2	6.3
7.1	7.2	7.3

8.1	8.2	8.3
9.1	9.2	9.3
10.1	10.2	10.3

testX_np

마찬가지로 타겟을 나타내는 Y를 다음과 같이 훈련용 타겟데이터(trainY_np)와 검증용 타겟데이터(testY_np)로 분할한다.

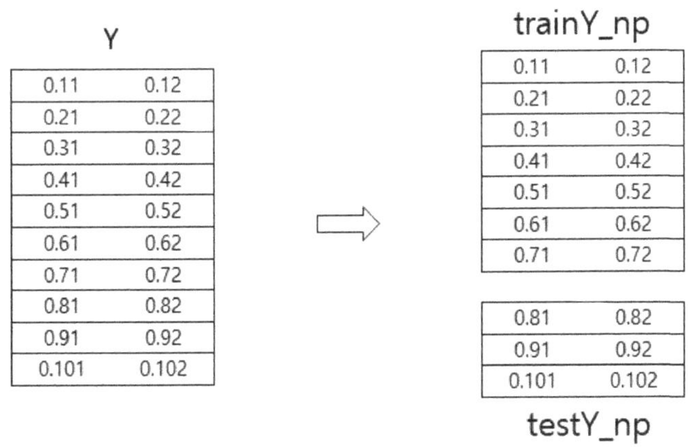

여기서 아래 첨자 np는 반환되는 자료형이 numpy의 ndarray임을 나타낸다. 이러한 분할 과정을 코드로 나타내면 다음과 같다.

```

#Step2. (X, Y)을 훈련데이터(trainX_np, trainY_np)와 검증데이터(testX_np, testY_np)로 분할
from sklearn.model_selection import train_test_split
trainX_np, testX_np, trainY_np, testY_np = train_test_split(X,Y,test_size=0.3, shuffle=False)
print('trainX_np=', trainX_np);print( )
print('testX_np=', testX_np);print( )
print('trainY_np=', trainY_np);print( )
print('testY_np=', testY_np);print( )
```

```
trainX_np= [[1.1 1.2 1.3]
 [2.1 2.2 2.3]
 [3.1 2.2 2.3]
 [4.1 2.2 2.3]
 [5.1 2.2 2.3]
 [6.1 2.2 2.3]
 [7.1 2.2 2.3]
testX_np= [[8.1 8.2 8.3]
 [9.1 9.2 9.3]
 [10.1 10.2 10.3]]
trainY_np= [[0.11 0.12]
 [0.21 0.22]
 [0.31 0.32]
 [0.41 0.42]
 [0.51 0.52]
 [0.61 0.62]
 [0.71 0.72]]
testY_np= [[0.81 0.82]
 [0.91 0.92]
 [0.101 0.102]]
```

|코드 설명|

23번째 줄: (X, Y)를 각각 훈련데이터와 검증데이터로 분할하기 위하여 파이썬 라이브러리인 sklearn(싸이킷-런 scikit-learn)의 model_selection에 있는 함수 train_test_split를 가져온다.

24: 함수 train_test_split에 대입하는 것은 순서쌍 (X, Y, test_size=0.3, shuffle=False)이다. 여기서 test_size=0.3는 검증데이터 개수는 주어진 10개 순서쌍 (X, Y)의 30%인 3개임을 의미하고 나머지 7개는 훈련데이터가 된다. shuffle=False는 주어진 10개 데이터 (X, Y)의 순서를 섞지 않음을 의미한다. 함수 train_test_split에 (X, Y, test_size=0.3, shuffle=False)를 대입하면 반환되는 것은 4개이다. 첫번째로 반환되는 것은 X의 처음 7개 순서쌍 데이터이고 이를 trainX_np에 저장했다. 두번째로 반환되는 것은 X의 마지막 3개 순서쌍 데이터이고 이를 testX_np에 저장했다. 세번째로 반환되는 것은 Y의 처음 7개 순서쌍 데이터이고 이를 trainY_np에 저장했다. 마지막으로 반환되는 것은 Y의 마지막 3개 순서쌍 데이터이고 이를 testY_np에 저장했다.

25~28: trainX_np, testX_np, trainY_np, testY_np이 각각 7x3, 3x3, 7x2, 3x2 행렬임을 확인할 수 있다.

PART VI. 훈련데이터 집합을 2개 데이터를 가진(batch_size=2) 부분집합(miniBatch)으로 분할

(1) Numpy에서 사용하는 trainX_np, testX_np, trainY_np, testY_np를 PyTorch에서 사용할 수 있도록 torch의 tensor 자료형이면서 데이터 타입(data_type, dtype)이 float32가 되도록 다음과 같이 바꾼다. dtype=float32으로 바꾸는 이유는 신경망 파라미터의 데이터 타입(dtype=float32)과 일치시키기 위함이다.

numpy의 배열(ndarray)

trainX_np

1.1	1.2	1.3
2.1	2.2	2.3
3.1	3.2	3.3
4.1	4.2	4.3
5.1	5.2	5.3
6.1	6.2	6.3
7.1	7.2	7.3

trainY_np

0.11	0.12
0.21	0.22
0.31	0.32
0.41	0.42
0.51	0.52
0.61	0.62
0.71	0.72

8.1	8.2	8.3
9.1	9.2	9.3
10.1	10.2	10.3

testX_np

0.81	0.82
0.91	0.92
0.101	0.102

testY_np

PyTorch의 텐서(tensor)

trainX

1.1	1.2	1.3
2.1	2.2	2.3
3.1	3.2	3.3
4.1	4.2	4.3
5.1	5.2	5.3
6.1	6.2	6.3
7.1	7.2	7.3

trainY

0.11	0.12
0.21	0.22
0.31	0.32
0.41	0.42
0.51	0.52
0.61	0.62
0.71	0.72

8.1	8.2	8.3
9.1	9.2	9.3
10.1	10.2	10.3

testX

0.81	0.82
0.91	0.92
0.101	0.102

testY

이러한 변환 과정을 코드로 나타내면 다음과 같다.

```
29
30 ##### 훈련데이터 집합을 분할
31 # ndarray를 tensor로 변환
32 import torch
33 trainX = torch.from_numpy(trainX_np).float( )
34 trainY = torch.from_numpy(trainY_np).float( )
35 testX = torch.from_numpy(testX_np).float( )
36 testY = torch.from_numpy(testY_np).float( )
```

|코드 설명|

33번째 줄: 함수 torch.from_numpy에 numpy 배열인 trainX_np를 대입(torch.from_numpy(trainX_np))하여 trainX_np를 torch의 tensor로 바꾼다. 그리고 dtype=float64인 torch. from_numpy(trainX_np)를 dtype=float32로 변형(torch.from_numpy(trainX_np).float( ))하여 trainX에 저장한다.

34~36: 33번째 줄과 동일한 의미이다.

[참고2] 검증데이터(testX, testY)

학습된 신경망의 성능을 검증하는 내용은 다루지 않기 때문에 데이터 (testX, testY)는 앞으로 사용하지 않는다. 단, 제11장 연습문제에서는 검증데이터를 사용한다.

(2) 훈련데이터(trainX, trainY) 집합을 2개 데이터를 가지는 부분집합으로 분할하는 과정을 알아보자 (각 부분집합은 신경망 파라미터를 1회 업데이트하는데 사용되고 이 과정은 아래 PART VII에서 다룬다). 이러한 분할 과정은 두 단계로 구성된다.

(2-1) 두 개 변수 trainX와 trainY로 분리하여 저장된 훈련데이터를 하나의 변수 train으로 묶는다. 변수 train 내부에는 입력으로 사용할 데이터와 타겟으로 사용할 데이터가 다음과 같이 구분되어 있다.

trainX

1.1	1.2	1.3
2.1	2.2	2.3
3.1	3.2	3.3
4.1	4.2	4.3
5.1	5.2	5.3
6.1	6.2	6.3
7.1	7.2	7.3

trainY

0.11	0.12
0.21	0.22
0.31	0.32
0.41	0.42
0.51	0.52
0.61	0.62
0.71	0.72

⇨

train

1.1	1.2	1.3		0.11	0.12
2.1	2.2	2.3		0.21	0.22
3.1	3.2	3.3		0.31	0.32
4.1	4.2	4.3		0.41	0.42
5.1	5.2	5.3		0.51	0.52
6.1	6.2	6.3		0.61	0.62
7.1	7.2	7.3		0.71	0.72

(2-2) 변수 train에 저장된 0, 1번째 순서쌍 데이터로 만든 부분집합을 miniBatch1이라고 하고, 2, 3번째 순서쌍 데이터로 만든 부분집합을 miniBatch2라고 하자. 여기서 0번째 순서쌍 데이터는 [[1.1, 1.2, 1.3], [0.11, 0.12]]이고 1번째 순서쌍 데이터는 [[2.1, 2.2, 2.3], [0.21, 0.22]]이므로 miniBatch1은 [[[1.1, 1.2, 1.3], [2.1, 2.2, 2.3]], [[0.11, 0.12], [0.21, 0.22]]]이다. 동일한 방법으로 부분집합 miniBatch3를 만들고 나면 변수 train에 1개 데이터가 남게 되므로 miniBatch4는 1개 순서쌍 데이터로 만들어진 부분집합이 된다. 변수 train에 저장된 0번째 순서쌍 데이터부터 차례로 2개씩 묶어서 부분집합을 만들어 나갈 때, 묶는 순서쌍 데이터 개수 2를 batch_size라고 한다. 이렇게 만든 모든 부분집합을 다음과 같이 하나의 변수 train_loader에 저장한다. 변수 train_loader 내부에는 부분집합 miniBatch와 각 nimiBatch에서 입력/타겟 데이터가 구분되어 있다. 예를 들면, miniBatch1의 입력데이터(miniBatch1_input)은 [[1.1, 1.2, 1.3], [2.1, 2.2, 2.3]]이고 타겟데이터(miniBatch1_target)은 [[0.11, 0.12], [0.21, 0.22]]이다.

train

1.1	1.2	1.3		0.11	0.12
2.1	2.2	2.3		0.21	0.22
3.1	3.2	3.3		0.31	0.32
4.1	4.2	4.3		0.41	0.42
5.1	5.2	5.3		0.51	0.52
6.1	6.2	6.3		0.61	0.62
7.1	7.2	7.3		0.71	0.72

batch_size=2 ⇨

train_loader

	miniBatch_input				miniBatch_target	
miniBatch1	1.1	1.2	1.3		0.11	0.12
	2.1	2.2	2.3		0.21	0.22
miniBatch2	3.1	3.2	3.3		0.31	0.32
	4.1	4.2	4.3		0.41	0.42
miniBatch3	5.1	5.2	5.3		0.51	0.52
	6.1	6.2	6.3		0.61	0.62
miniBatch4	7.1	7.2	7.3		0.71	0.72

훈련데이터(trainX, trainY)로부터 변수 train_loader를 만드는 코드는 다음과 같다.

```
37
38 # 훈련데이터 집합을 2개 데이터를 가지는 부분집합으로 분할: batch_size=2
39 from torch.utils.data import TensorDataset. DataLoader
40 train = TensorDataset(trainX, trainY)
41 train_loader = DataLoader(train, batch_size=2, shuffle=False)
42
43 ############# END: 데이터 전처리(Data Preprocessing) #############
```

|코드 설명|

39번째 줄: torch.utils.data에 있는 TensorDataset과 DataLoader를 가져온다.

40: TensorDataset을 사용하여 두 개 변수 trainX와 trainY에 저장된 훈련데이터를 하나의 변수 train으로 묶는다.

41: 변수 train에 저장된 0번째 순서쌍 데이터부터 차례로 2개씩 묶어서 (batch_size=2) 부분집합을 만들어 나간다. 2개씩 묶을 때, 무작위로 묶지 않고 변수 train에 저장된 데이터 순서대로 묶기 때문에 데이터 순서를 섞지 않는다 (shuffle =False).

PART VII. 각 miniBatch로 파라미터를 1회 업데이트

변수 train_loader(PART VI에서 정의함)에 저장된 각 miniBatch의 순서쌍 (miniBatch_input, miniBatch_target)을 사용하여 그림1에 있는 신경망의 파라미터 초깃값을 1회 업데이트한다. 업데이트할 때 사용하는 학습이론은 제6장에서 다루었고 1회 업데이트하는 과정은 아래 코드와 같다.

```
44
45 ############# train_loader에 있는 훈련데이터로 신경망 학습 #######
46 import torch.nn as nn; torch.manual_seed(1)
47 net=nn.Sequential(nn.Linear(3,3), nn.Tanh( ), nn.Linear(3,2))
48 optimizer=torch.optim.SGD(net.parameters( ), lr=0.1)
49
50 for miniBatch_input, miniBatch_target in train_loader:
51   optimizer.zero_grad( )#gradient을 0으로 만듦
52   loss=torch.sum((net(miniBatch_input) - miniBatch_target)**2)
53   loss.backward( )#gradient계산
54   optimizer.step( )#parameter값 업데이트
```

|코드 설명|

47번째 줄: 그림1에 있는 신경망을 나타낸다.

48: 파라미터 업데이트에 사용할 최적화 방법은 torch.optim에 있는 SGD이다.

50: 변수 train_loader에서 차례대로 각 miniBatch의 miniBatch_input과 miniBatch_target을 추출한다.

51~54: 파라미터 값을 반복해서 업데이트할 때 사용하는 4개 명령어이다(제6장 예제6에서 설명).

PART VIII. 각 miniBatch로 파라미터를 100회 업데이트

변수 train_loader(PART VI에서 정의함)에 저장된 각 miniBatch의 순서쌍 (mini Batch_input, miniBatch_target)을 사용하여 그림1에 있는 신경망의 파라미터 초깃값을 제6장에서 다룬 학습이론으로 100회 업데이트하는 과정은 아래 코드와 같다. 즉, PART VII에서 사용한 파라미터 업데이트 코드(PART VII에서 50~54번째 줄)을 100회 반복하기 위하여 아래 코드 50번째 줄에 for 문을 추가했다. miniBatch가 4개 있으므로 파라미터는 4x100=400회 업데이트된다.

```
44
45 ############# train_loader에 있는 훈련데이터로 신경망 학습 #######
46 import torch.nn as nn; torch.manual_seed(1)
47 net=nn.Sequential(nn.Linear(3,3), nn.Tanh( ), nn.Linear(3,2))
48 optimizer=torch.optim.SGD(net.parameters( ), lr=0.1)
49
50 for epoch in range(100):
51   for miniBatch_input, miniBatch_target in train_loader:
52     optimizer.zero_grad( )#gradient을 0으로 만듦
53     loss=torch.sum((net(miniBatch_input) - miniBatch_target)**2)
54     loss.backward( )#gradient계산
55     optimizer.step( )#parameter값 업데이트
```

[참고3] 전체 코드

제8장에서 사용한 전체 코드는 다음과 같다.

```
############# START: 데이터 전처리(Data Preprocessing) #############

##### 구글 드라이브 마운트
from google.colab import drive
drive.mount('/content/gdrive')

##### 구글 드라이브에서 toyData.csv 읽어오기
import pandas as pd
toyData=pd.read_csv("/content/gdrive/My Drive/toyData.csv")
print(toyData)
```

```

##### toyData를 훈련데이터와 검증데이터로 분할
#Step1. toyData를 X(feature)과 Y(response) 분리
import numpy as np
feature_label=[‘feature1’,‘feature2’,‘feature3’]
X=toyData.loc[:,feature_label].to_numpy( )#loc=location
response_label=[‘response1’,‘response2’]
Y=toyData.loc[:,response_label].to_numpy( )
print(‘X=’, X);print( )
print(‘Y=’, Y);print( )

#Step2. (X, Y)을 훈련데이터(trainX_np, trainY_np)와 검증데이터(testX_np, testY_np)로 분할
from sklearn.model_selection import train_test_split
trainX_np, testX_np, trainY_np, testY_np = train_test_split(X,Y,test_size=0.3, shuffle=False)
print(‘trainX_np=’, trainX_np);print( )
print(‘testX_np=’, testX_np);print( )
print(‘trainY_np=’, trainY_np);print( )
print(‘testY_np=’, testY_np);print( )

##### 훈련데이터 집합을 분할
# ndarray를 tensor로 변환
import torch
trainX = torch.from_numpy(trainX_np).float( )
trainY = torch.from_numpy(trainY_np).float( )
testX = torch.from_numpy(testX_np).float( )
testY = torch.from_numpy(testY_np).float( )

# 훈련데이터 집합을 2개 데이터를 가지는 부분집합으로 분할: batch_size=2
from torch.utils.data import TensorDataset. DataLoader
train = TensorDataset(trainX, trainY)
train_loader = DataLoader(train, batch_size=2, shuffle=False)

############# END: 데이터 전처리(Data Preprocessing) #############

############# train_loader에 있는 훈련데이터로 신경망 학습 #######
import torch.nn as nn; torch.manual_seed(1)
net=nn.Sequential(nn.Linear(3,3), nn.Tanh( ), nn.Linear(3,2))
optimizer=torch.optim.SGD(net.parameters( ), lr=0.1)

for epoch in range(100):
  for miniBatch_input, miniBatch_target in train_loader:
    optimizer.zero_grad( )#gradient을 0으로 만듦
    loss=torch.sum((net(miniBatch_input) - miniBatch_target)**2)
    loss.backward( )#gradient계산
    optimizer.step( )#parameter값 업데이트
```

연습문제

1. 아래 데이터와 신경망에 대하여 제8장의 PART I부터 PART VIII을 프로그램으로 구현했을 때, 파라미터를 800회 업데이트한 후에 얻은 신경망 loss 값을 구하시오.

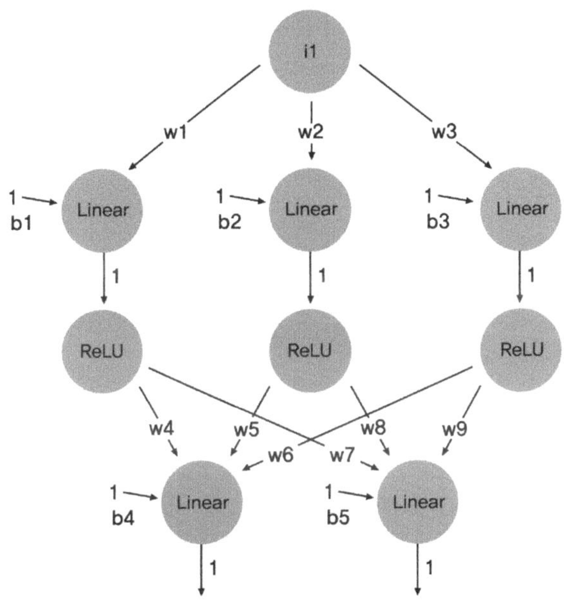

input1 =[1.1], target1 =[0.11, 0.12]
input2 =[2.1], target2 =[0.21, 0.22]
input3 =[3.1], target3 =[0.31, 0.32]
input4 =[4.1], target4 =[0.41, 0.42]
input5 =[5.1], target5 =[0.51, 0.52]
input6 =[6.1], target6 =[0.61, 0.62]
input7 =[7.1], target7 =[0.71, 0.72]
input8 =[8.1], target8 =[0.81, 0.82]
input9 =[9.1], target9 =[0.91, 0.92]
input10 =[10.1], target10 =[0.1, 0.1]

제9장 배치 정규화(Batch normalization)

전체 훈련데이터를 분할하여 만든 miniBatch로 신경망을 학습할 때, 각 miniBatch에 있는 데이터의 분포 차이로 인하여 학습이 잘 안될 수 있다. 이러한 차이를 줄이기 위하여 새로운 종류의 은닉층을 도입하고 이러한 내용을 배치 정규화(Batch normalization, BN)라 하자. BN을 위하여 도입되는 은닉층을 BN층이라 하며 BN층에 있는 노드를 BN노드라고 하자. BN층을 어떻게 연결하고(PART I), 신경망을 학습할 때 BN노드가 가지는 값 (PART II)과 학습된 신경망을 사용할 때 BN노드가 가지는 값(PART III)에 대하여 알아보자.

PART I. BN층 연결

이웃한 두 층에서 출발층이 BN층이고 도착층에 선형노드가 있으면 두 층은 완전연결된다. 이러한 연결은 이웃한 두 층에서 도착층에 선형노드가 있으면 두 층은 완전연결한다는 연결 규칙(제1장에서 정의)를 따른다. 반대로 이웃한 두 층에서 출발층에 선형노드가 있고 도착층이 BN층이면 두 층은 일대일결된다. 따라서 이웃한 두 층에서 도착층에 활성노드 또는 BN층이면 두 층은 일대일연결된다. 예를 들면, 그림1의 위에 있는 신경망에 BN층을 추가하여 아래에 있는 두 개의 신경망을 만들었다. 그림1의 아래 좌측 신경망에서 2층이 BN층이고 3층에 선형노드가 있으면 두 층은 완전연결된다. 그림1의 아래 우측 신경망에서는 2층에 선형노드가 있고 3층이 BN층이므로 두 층은 일대일연결된다. 그리고 활성노드와 BN층은 일대일연결된다.

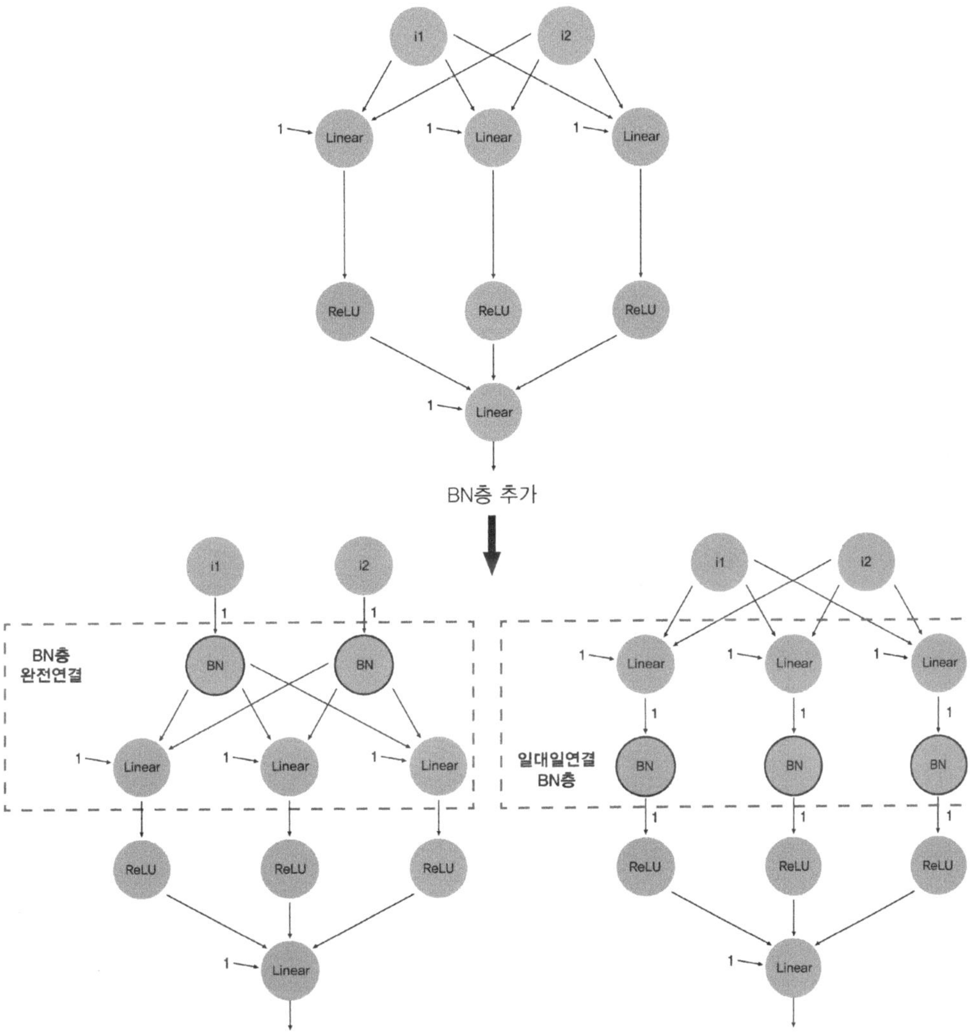

그림1. BN층 연결 규칙(제1장 참고)

BN층을 도착층으로 가지는 이웃한 두 층을 PyTorch로 표현하는 명령어는 nn.BatchNorm1d(BN노드 개수)이다. 예를 들면, 그림2의 신경망에서 두 번째 은닉층이 BN층(BN노드가 3개)이므로 첫 번째, 두 번째 은닉층은 nn.BatchNorm1d(3)으로 표현되고 이를 포함한 신경망 학습 코드는 그림2의 아래와 같다.

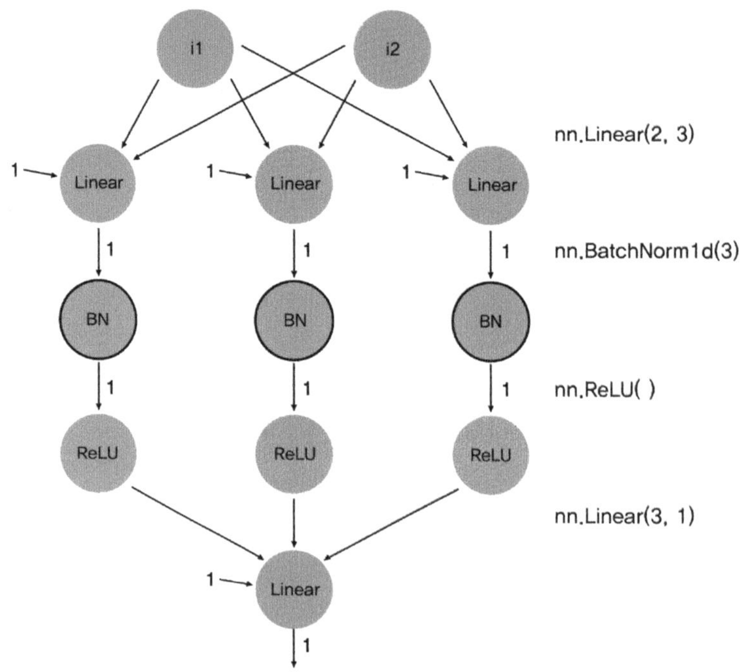


```
import torch; import torch.nn as nn; torch.manual_seed(1)

input=torch.tensor([[1.0, 2.3], [2.0, 3.4], [3.0, 4.5]])
target=torch.tensor([[0.1], [0.2], [0.3]])

net=nn.Sequential(nn.Linear(2,3), nn.BatchNorm1d(3), nn.ReLU( ), nn.Linear(3,1))

optimizer = torch.optim.SGD(net.parameters( ), lr=0.1)

for iter in range(0,10):
  optimizer.zero_grad( )
  loss = torch.sum((net(input)-target)**2)
  loss.backward( )
  optimizer.step( )

print(loss.data)
```

```
tensor(0.0004)
```

그림2. BN층을 도착층으로 가지는 이웃한 두 층의 PyTorch 표현과 신경망 학습 코드

PART II. 신경망을 학습할 때, BN노드가 가지는 값

그림3에 있는 신경망에서 BN노드인 BN_1이 가지는 값을 알아보자.

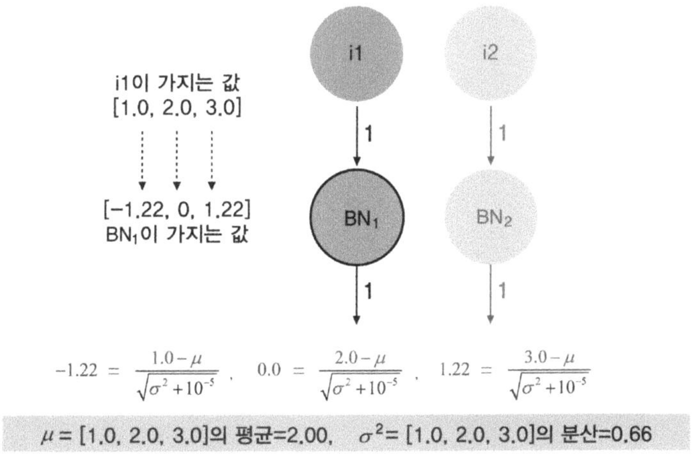

그림3. BN노드가 가지는 값

노드 i1에서 BN_1으로 들어오는 숫자(X)는 1.0, 2.0, 3.0이고 평균은 2.0이고 분산은 0.66이다. 세 개 숫자를 각각 표준화 공식

$$\frac{X-(X\text{의 평균})}{\sqrt{X\text{의 분산}+10^{-5}}}=\frac{X-2.0}{\sqrt{0.66+10^{-5}}}$$

에 대입하면 -1.22, 0, 1.22이 된다. 표준화공식의 분모에 10^{-5}을 더한 이유는 분모가 0이 안되도록 하기 위함이다.

그림3에서 계산한 BN노드의 값을 아래 코드로 확인해보자.

```
1 import torch; import torch.nn as nn; torch.manual_seed(1)
2 input = torch.tensor([[1.0, 2.3],[2.0, 3.4],[3.0, 4.5]])
3 net=nn.BatchNorm1d(2)
4 print(net(input).data)
```

```
tensor([[-1.2247, -1.2247],
        [0.0000, 0.0000],
        [1.2247, 1.2247]])
```

|코드 설명|

2번째 줄: 그림3에 있는 i1 노드에 1.0, 2.0, 3.0이 입력되고 i2 노드에는 2.3, 3.4, 4.5가 입력된다.

3: 그림3에 있는 신경망은 두 개 층으로 구성된 신경망이다. 1층에는 입력층이고 2층에는 2개 BN노드를 가진 BN층으로 구성된 두 층을 나타내는 명령어이다.

4: 출력의 1열에 있는 3개 숫자(-1.2247, 0.0000, 1.2247)는 그림3에서 숫자 1.0, 2.0, 3.0가 i1에 입력되어 BN_1이 가지는 값이다. 마찬가지로 출력의 2열에 있는 3개 숫자(-1.2247, 0.0000, 1.2247)는 숫자 2.3, 3.4, 4.5가 i2에 입력되어 BN_2가 가지는 값이다.

[참고1] BN노드가 가지는 값을 분명하게 설명하기 위하여, 그림3에서 BN층에 도착하는 출발층을 입력층으로 했지만 출발층이 은닉층이 되어도 동일한 계산 과정을 적용하여 BN노드가 가지는 값이 결정된다.

PART III. 학습된 신경망을 사용할 때, BN노드가 가지는 값

학습된 신경망을 검증이나 예측에 사용할 경우, BN노드가 가지는 값은 학습과정에서 저장된 평균(running_mean)과 분산(running_var)를 사용하여 계산된다.

- running_mean과 running_var를 구하는 공식
  running_mean과 running_var은 신경망을 학습하는 과정에서 업데이트되고 running_mean과 running_var의 초깃값은 각각 0과 1이다.

업데이트 공식은 다음과 같다.

```
running_mean = momentum * running_mean + (1 - momentum) * 표본평균
running_var = momentum * running_var + (1 - momentum) * 표본분산
```

여기서 momentum=0.1이고 우변과 좌변의 running_mean과 running_var는 각각 업데이트 되기 전과 후의 값을 나타낸다.

- net.eval( )
  BN층을 포함한 학습된 신경망 net을 사용할 때는, 제일 먼저 net.eval( )을 실행한다.

- 학습된 신경망에서 BN노드가 가지는 값

$$\frac{(BN\text{노드로 들어오는 값}) - (running\_mean)}{\sqrt{running\_var + 10^{-5}}}$$

여기서 running_mean과 running_var는 신경망 학습과정에서 마지막으로 저장된 값이다.

그림3과 그림4에서 BN_1에 들어오는 값은 같지만 신경망을 학습하는 과정과 학습된 신경망에서 BN_1이 가지는 값이 다름을 알 수 있다.

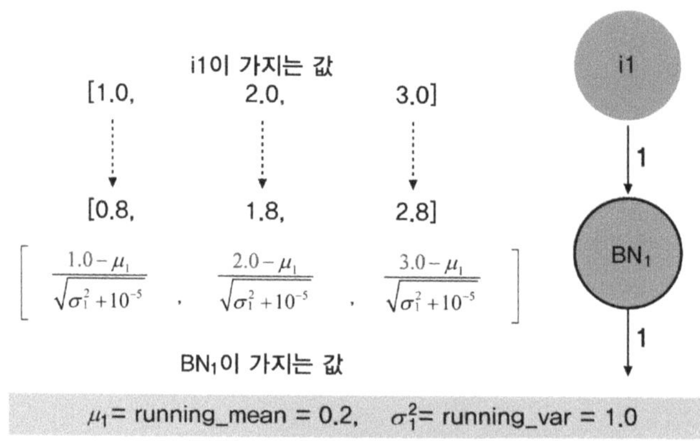

그림4. 학습된 신경망에서 BN노드가 가지는 값

코드로 확인하면 다음과 같다.

```
import torch; import torch.nn as nn; torch.manual_seed(1)
input = torch.tensor([[1.0],[2.0],[3.0]])

net=nn.BatchNorm1d(1)

print("net.eval( ) 전: ",net(input).data);print()

net.eval( )
print("net.eval( ) 후: ",net(input).data)
```

```
net.eval( ) 전: tensor([[-1.2247],
        [0.0000],
        [1.2247]])
net.eval( ) 후: tensor([[0.8000],
        [1.8000],
        [2.8000]])
```

[참고2] 학습된 신경망에서 BN이 가지는 값을 분명하게 설명하기 위하여, 그림4에서 BN층에 도착하는 출발층을 입력층으로 했지만 출발층이 은닉층이 되어도 동일한 계산 과정을 적용하여 BN이 가지는 값이 결정된다.

연습문제

1. 아래 그림은 신경망 학습과정에서 i2 노드에 2.3, 3.4, 4.5가 각각 입력되었을 때, BN층에 있는 BN_2가 가지는 값이 각각 -1.22, 0, 1.22임을 나타낸다. 노드 BN_2가 이 값을 가지게 된 계산 과정을 적으시오.

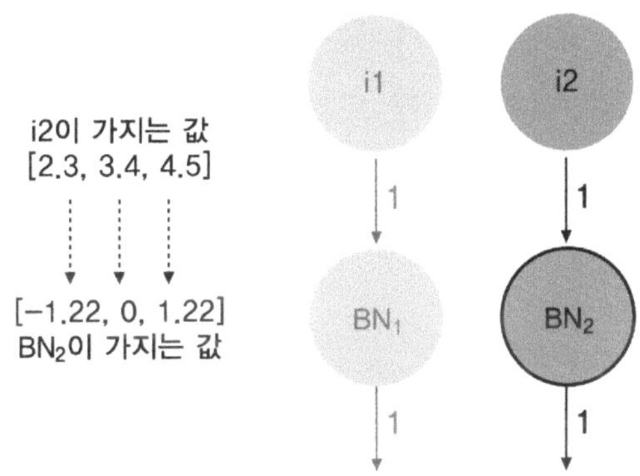

2. 아래 신경망에서 입력층을 1층이라고 할 때, 2층과 3층 사이에 BN층을 추가한 신경망 G를 그리시오. 그리고 신경망 G가 가지는 파라미터 개수를 적으시오.

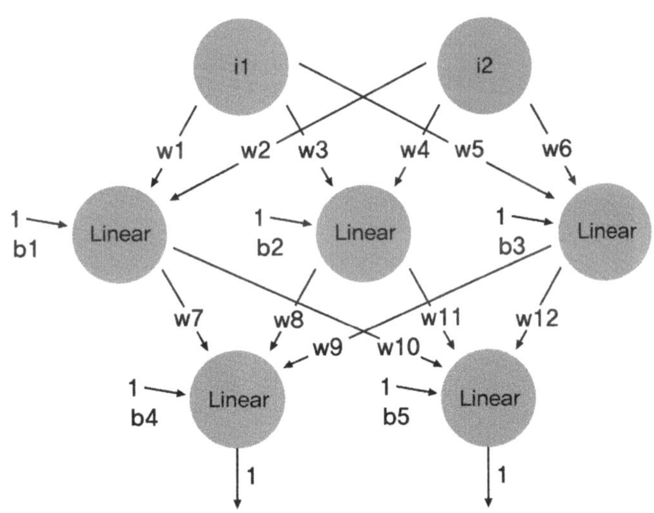

제10장 드롭아웃(Dropout)

신경망의 목푯값(target)을 상당히 잘 맞추도록 신경망을 학습하면(과적합, over fitting), 검증데이터에 대해서는 좋은 결과를 얻기 어렵다. 이런 문제를 해결하는 방법으로 드롭아웃(Dropout, DO)이 있다. DO를 위하여 도입되는 은닉층을 DO층이라 하고 DO층에 있는 노드를 DO노드라고 하자. DO층을 어떻게 연결하고(PART I), 신경망을 학습할 때 DO노드가 가지는 값 (PART II)와 학습된 신경망을 사용할 때 DO노드가 가지는 값(PART III)에 대하여 알아보자.

PART I. DO층 연결

이웃한 두 층에서 출발층이 DO층이고 도착층에 선형노드가 있으면 두 층을 완전연결한다. 이러한 연결은 이웃한 두 층에서 도착층에 선형노드가 있으면 두 층은 완전연결된다는 연결 규칙(제1장에서 정의)를 따른다. 반대로 이웃한 두 층에서 출발층에 선형노드가 있고 도착층이 DO층이면 두 층은 일대일연결된다. 따라서 이웃한 두 층에서 도착층에 활성노드 또는 DO층이면 두 층은 일대일연결된다. 예를 들면, 그림1의 가운데 신경망에서 2층이 DO층이고 3층에 선형노드가 있으므로 두 층은 완전연결된다. 그림1의 마지막 신경망에서는 2층에 선형노드가 있고 3층이 DO층이므로 두 층은 일대일연결된다. 그리고 이웃한 DO층과 활성노드는 일대일연결된다.

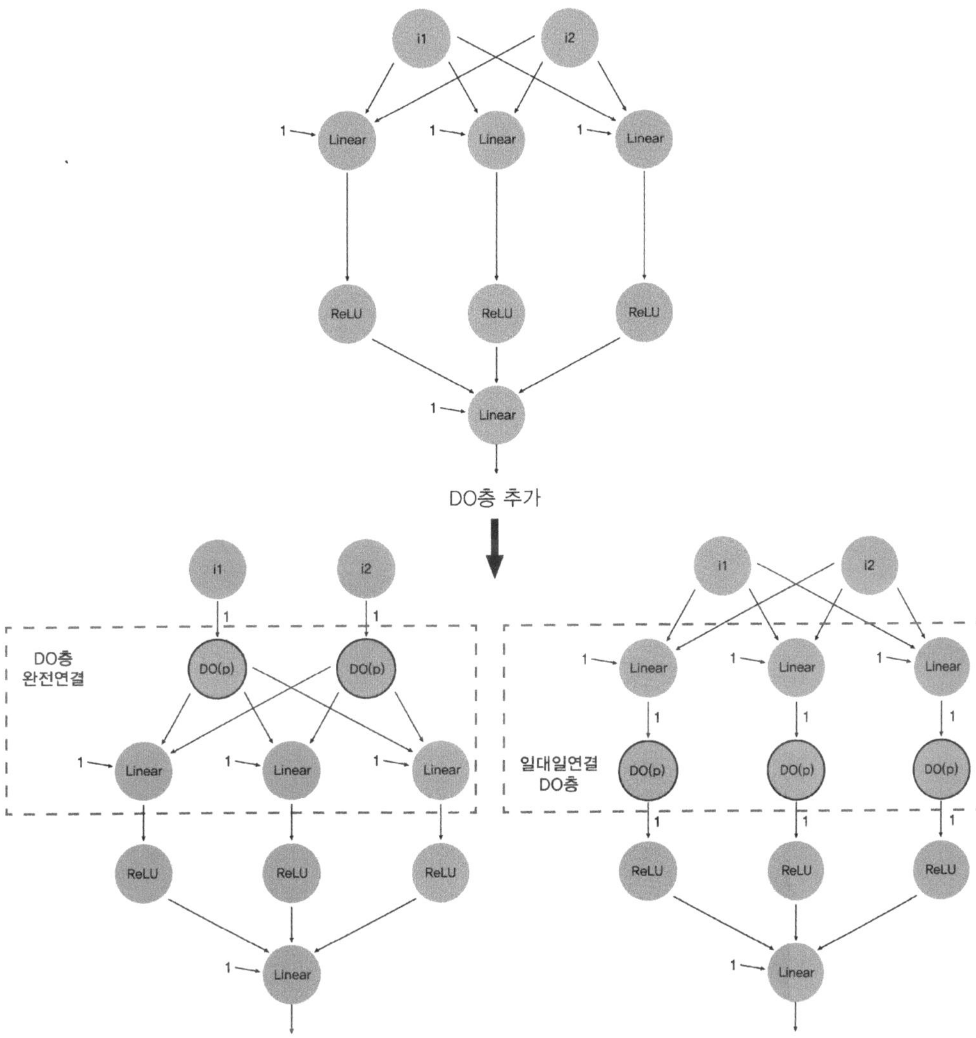

그림1. DO층 연결 규칙(제1장 참고). 각 노드 DO(p)에서 p는 해당 노드가 0값을 가질 확률이다. 동일한 DO층에 있는 모든 DO노드는 동일한 확률 p를 가진다.

도착층이 DO층인 이웃한 두 층을 PyTorch로 표현하는 명령어는 nn.Dropout(p)이다. 여기서 p는 DO노드가 0 값을 가질 확률이다. 예를 들면, 그림2의 신경망에서 두 번째 은닉층이 DO층이므로 첫 번째, 두 번째 은닉층은 nn.Dropout(0.5)으로 표현되고 0.5는 사용자가 정하는 하이퍼파라미터(hyper-parameter)이다. 이런 신경망을 학습시키는 코드는 그림2의 다음과 같다.

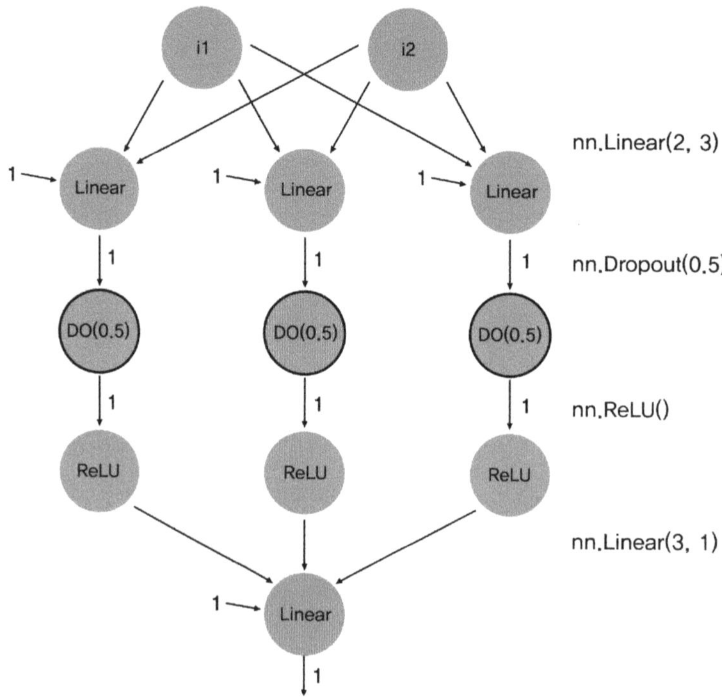


```python
import torch; import torch.nn as nn; torch.manual_seed(1)

input=torch.tensor([[1.0, 2.3], [2.0, 3.4], [3.0, 4.5]])
target=torch.tensor([[0.1], [0.2], [0.3]])

net=nn.Sequential(nn.Linear(2,3), nn.Dropout(0.5), nn.ReLU( ), nn.Linear(3,1))

optimizer = torch.optim.SGD(net.parameters( ), lr=0.1)

for iter in range(10):
    optimizer.zero_grad( )
    loss = torch.sum((net(input)-target)**2)
    loss.backward( )
    optimizer.step( )

print(loss.data)
```

```
tensor(0.0095)
```

그림2. 도착층이 DO층인 두 층의 PyTorch 표현과 신경망 학습 코드

PART II. 신경망을 학습할 때, DO노드가 가지는 값

그림3에 있는 신경망에서 $DO_1(p)$가 가지는 값을 알아보자.

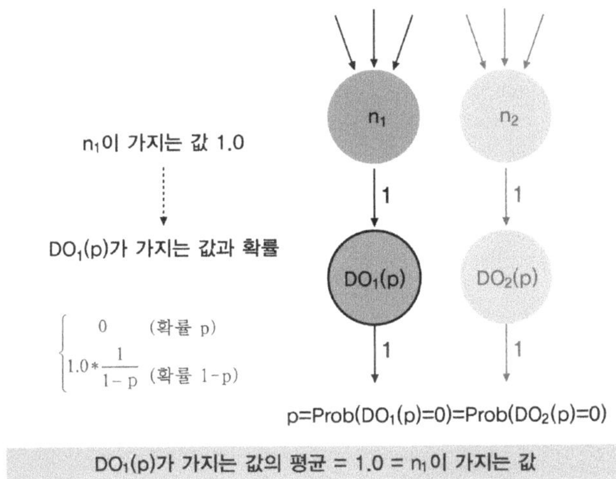

그림3. DO노드가 가지는 값과 확률

일대일 연결이고 n_1에서 $DO_1(p)$로 들어오는 숫자가 1.0이 일 때, $DO_1(p)$가 가질 수 있는 값은 0과 $1.0*\dfrac{1}{1-p}$이고 각각의 값을 가질 확률은 다음과 같다.

$$\mathrm{Prob}(DO_1(p)=0)=p,\ \mathrm{Prob}\left(DO_1(p)=1.0*\frac{1}{1-p}\right)=1-p$$

즉, $DO_1(p)$는 두 개의 값을 가지는 이산 확률변수이다. 이렇게 정의함으로써 다음과 같이 $DO_1(p)$가 가지는 값의 평균이 DO(p)로 들어오는 값 1.0과 같게 된다.

$$0*p+\left(1.0*\frac{1}{1-p}\right)*(1-p)=1.0$$

그림3에서 계산한 DO_1의 값을 아래 코드로 확인해보자.

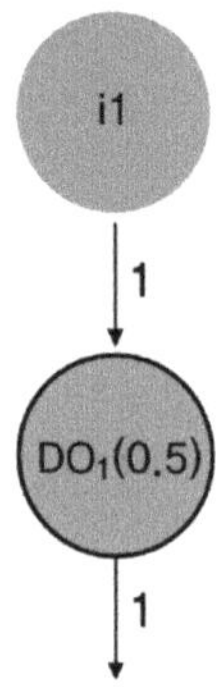


```python
1 import torch; import torch.nn as nn; torch.manual_seed(1)
2 input = torch.tensor([[1.0]])
3 net=nn.Dropout(0.5)
4
5 for iter in range(5):
6   print(iter,":",net(input))
```

```
0 : tensor([[0.]])
1 : tensor([[0.]])
2 : tensor([[2.]])
3 : tensor([[0.]])
4 : tensor([[2.]])
```

|코드 설명|

2번째 줄: 그림3에 있는 n_1은 입력노드 i1이 되고 1.0 값을 가진다.

3: 그림3에 있는 $DO_1(p)$에서 p=0.5이다.

5~6: 5번째 줄에서 변수 iter에 0이 입력된다. 그리고 6번째 줄의 명령어가 실행되어 0: tensor([[0.]])이 출력된다. 출력을 보면 iter=0일 때, net(input)=$DO_1(0.5)$=0이다. 이런 과정을 반복하여 얻은 출력을 보면 다음과 같다.

iter = 0일 때 net(input) = $DO_1(0.5)$ = 0
iter = 1일 때 net(input) = $DO_1(0.5)$ = 0
iter = 2일 때 net(input) = $DO_1(0.5)$ = 2
iter = 3일 때 net(input) = $DO_1(0.5)$ = 0
iter = 4일 때 net(input) = $DO_1(0.5)$ = 2

즉, $DO_1(0.5)$이 가지는 값은 0 또는 $1.0*\frac{1}{1-p}=1.0*\frac{1}{1-0.5}=2$이고 0을 3회, 2를 2회 가진다.

위 코드 5번째 줄에 있는 range(5)에서 반복 횟수를 나타내는 5를 100, 1000과 같이 크게 할수록 $DO_1(0.5)$는 아래 확률분포를 따르게 된다.

$$\text{Prob}(\text{DO}_1(0.5)=0)=0.5,\ \text{Prob}\left(\text{DO}_1(0.5)=1.0*\frac{1}{1-\text{p}}\right)=1-0.5$$

[참고1] 그림3에서 출발층의 노드는 어떤 노드(입력노드, 선형노드, 활성노드, BN노드)도 될 수 있다.

예제1. DO노드가 가지는 값을 확인하기 위하여 신경망 net1(아래 코드 5번째 줄)의 출력층 다음에 DO층을 추가하여 net2(코드 11번째 줄)을 만들었다. 이제 net2(input)의 값이 0 또는 net1(input)*1/(1-p)가 되는지 확인해보자. 먼저, 아래 코드에서 입력 1.0(아래 코드 3번째 줄)을 net1에 대입하여 출력(코드 6번째 줄)하면 [0.9846, -1.3828, 0.4059]이므로 net1(input)에 1/(1-p)를 곱하면 [1.4066, -1.9755, 0.5798]가 된다(p=0.3, 코드 7, 8번째 줄). 따라서 net2(input)는 [0 또는 1.4066, 0 또는 -1.9755, 0 또는 0.5798]가 되어야 한다. net2(input)을 출력해 보면 [1.4066, -1.9755, 0.0000]이므로 이론적으로 DO노드가 가져야 할 값이 출력되었음을 알 수 있다. 출력에서 0이 적은 횟수로 선택된 이유는 p=0.3이 0.5보다 작기 때문이다. 만약 p 값을 1에 가까운 숫자로 정하여 net2(input)을 출력해보면 0인 더 많이 선택됨을 확인할 수 있다.

```
1  import torch; import torch.nn as nn; torch.manual_seed(1)
2
3  input=torch.tensor([[1.0]])
4
5  net1=nn.Linear(1,3)
6  print("net1출력:",net1(input).data)
7  p=0.3
8  print("net1출력*1/(1-p):",net1(input).data*1/(1-p));print( )
9
10 torch.manual_seed(1)
11 net2=nn.Sequential(nn.Linear(1,3), nn.Dropout(p))
12 print("net2출력:",net2(input).data)
```

```
net1출력: tensor([[0.9846, -1.3828, 0.4059]])
net1출력*1/(1-p): tensor([[1.4066, -1.9755, 0.5798]])

net2출력: tensor([[1.4066, -1.9755, 0.0000]])
```

PART III. 학습된 신경망을 사용할 때, DO노드가 가지는 값

학습된 신경망을 검증하거나 예측할 때, DO노드는 역할을 하지 않는다. 즉, DO가 가지는 값은 DO로 들어온 값을 가진다. 그림3과 그림4에서 DO_1에 들어오는 값은 같지만 신경망을 학습하는 과정과 학습된 신경망에서 DO_1이 가지는 값은 다르게 된다.

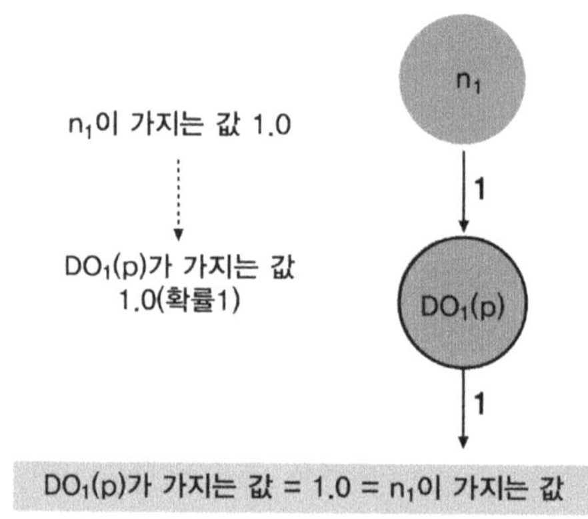

그림4. 학습된 신경망에서 DO가 가지는 값

코드로 확인하면 다음과 같다.

```
import torch; import torch.nn as nn; torch.manual_seed(1)
input = torch.tensor([[1.0]])
net=nn.Dropout(0.5)

print("net.eval( ) 전:");
for iter in range(5):
  print(iter,":",net(input))
print( )

net.eval( )
print("net.eval( ) 후:");
for iter in range(5):
  print(iter,":",net(input))
```

```
net.eval( ) 전:
0 : tensor([[0.]])
1 : tensor([[0.]])
2 : tensor([[2.]])
3 : tensor([[0.]])
4 : tensor([[2.]])
net.eval( ) 후:
0 : tensor([[1.]])
1 : tensor([[1.]])
2 : tensor([[1.]])
3 : tensor([[1.]])
4 : tensor([[1.]])
```

|코드 설명|

5~7번째 줄: 신경망 net에 포함된 DO노드를 사용하여 출력한 결과로 PART II와 동일하다.

10~13번째 줄: 10번째 줄은 net을 평가 모드로 사용한다는 명령어로써 net에 포함된 DO노드를 사용하지 않는다는 의미이다. 즉, DO는 자신으로 들어온 값을 그대로 통과시킴으로써 드롭아웃 역할을 하지 않는다. 출력 결과를 보면 1.0이 DO로 들어오고 DO는 1.0을 가짐을 알 수 있다.

[참고2] 학습된 신경망에서 DO노드가 가지는 값을 분명하게 설명하기 위하여, 그림4에서 DO층에 도착하는 출발층을 입력층으로 했지만 출발층이 은닉층이 되어도 동일한 내용이 적용된다.

연습문제

1. 아래 신경망에서 노드 i1과 i2에 각각 1.0과 2.0이 입력될 때, DO_1(0.1)과 DO_2(0.1)가 각각 가질 수 있는 값과 확률을 적으시오. 즉, 이산확률변수 DO_1(0.1)과 DO_2(0.1)의 각각의 확률분포표를 작성하시오.

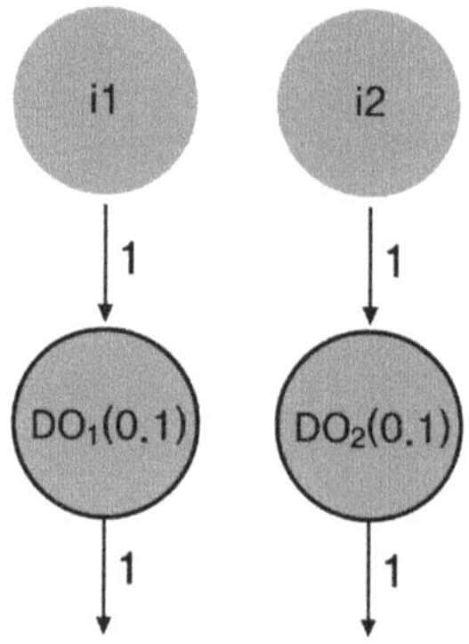

2. 본문의 그림1에는 신경망이 3개 있다. input=torch.tensor([[1.0, 2.0]])이고 target=torch.tensor([[0.1]])일 때, 각각의 신경망을 10회 학습시킨 후에 신경망 loss을 출력하는 코드를 작성하시오.

3. 아래 코드를 실행하여 출력 결과를 적고 net에 해당하는 신경망 그림을 그리시오.

```
import torch; import torch.nn as nn; torch.manual_seed(1)

input=torch.tensor([[1.0, 2.3], [2.0, 3.4], [3.0, 4.5]])
target=torch.tensor([[0.1], [0.2], [0.3]])

net=nn.Sequential(nn.Linear(2,3), nn.Linear(3,3), nn.Dropout(0.5), nn.ReLU( ), nn.Linear(3,1))

optimizer = torch.optim.SGD(net.parameters( ), lr=0.1)

for iter in range(10):
  optimizer.zero_grad( )
  loss = torch.sum((net(input)-target)**2)
  loss.backward( )
  optimizer.step( )

print(loss.data)
```

제11장 분류 문제를 신경망으로 해결

0부터 9사이의 숫자 중에서 하나를 손으로 써서 신경망에 입력하면 어떤 숫자인지를 출력하는 신경망을 만들어보자. 사용하는 데이터는 Scikit-learn에서 제공하는 0부터 9사이의 숫자를 각각 손으로 쓴 데이터이다.

1. 숫자 이미지와 행렬

sklearn.datasets.load_digits에는 0부터 9사이의 숫자를 각각 손으로 쓴 숫자 이미지(image)가 1797개 있고(그림1-(a)) 각 이미지는 행렬로 저장되어 있다. 여기서 행렬은 숫자 이미지를 크기가 8x8인 작은 정사각형(픽셀)으로 분할하여(그림1-(b)의 좌측) 각 픽셀에 0부터 16사이의 정수를 적은 행렬이다(그림1-(b)의 우측). 흰색에 가까운 픽셀일수록 0에 가까운 정수이고 검정색에 가까운 픽셀일수록 16에 가까운 정수이다. 이런 행렬을 앞으로 이미지 행렬이라 하자.

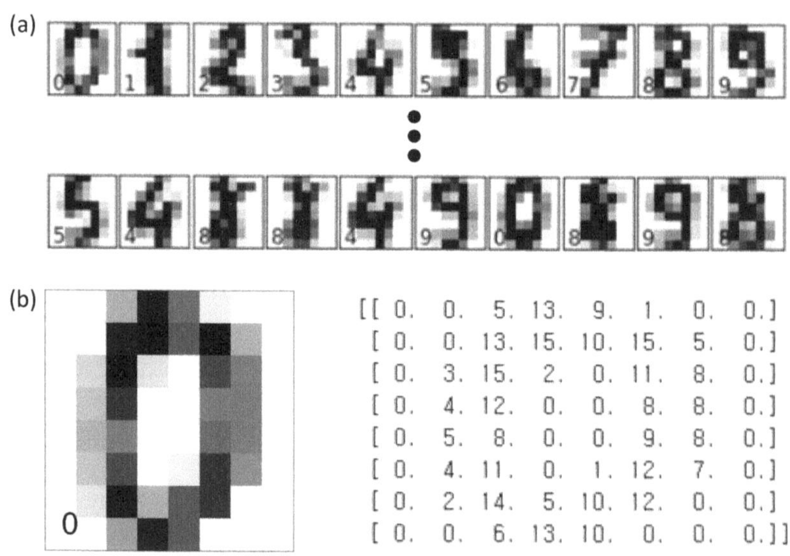

그림1. Sklearn.datasets.load_digits에는 있는 숫자 이미지와 행렬

그림1-(a)의 1번째 행에 있는 10개 숫자 이미지를 출력하는 코드는 다음과 같다.

```
1 import matplotlib.pyplot as plt
2 from sklearn.datasets import load_digits
3 digits = load_digits( )
4 fig = plt.figure(figsize=(6,6))
5 fig. subplots_adjust(left=0, right=1, bottom=0, top=1, hspace=0.05, wspace=0.05)
6 for i in range(10):
7   ax = fig.add_subplot(1, 10, i+1, xticks=[], yticks=[])
8   ax.imshow(digits.images[i], cmap=plt.cm.binary)
9   ax.text(0, 7, str(digits.target[i]))
```

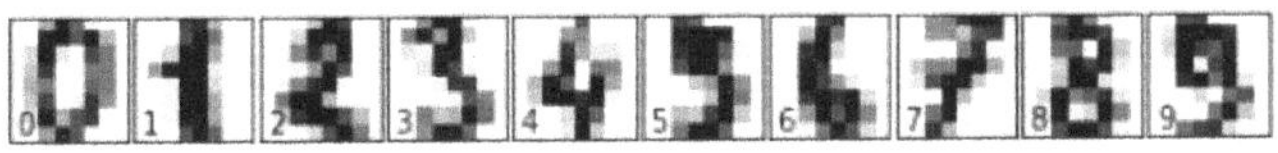

|코드 설명|

1번째 줄: matplotlib는 파이썬에서 데이터를 시각화(Data Visualization)할 때 사용하는 패키지이다. matplotlib의 서브패키지 pyplot을 사용할 때 plt로 사용한다.

2: sklearn.datasets에서 제공되는 여러 dataset 중에서 0부터 9사이의 숫자를 각각 손으로 쓴 데이터 load_digits를 불러온다.

3: 이미지 정보(이미지를 나타내는 행렬과 숫자 등)을 digits에 저장

4: 그림(figure)의 크기는 가로 6인치이고 세로 6인치이다.

5: 각 그림(subplot)의 좌측(left), 우측(right), 아래(bottom), 위(top), subplot 사이의 간격(높이 hspace와 폭 width)은 각각 0, 1, 0, 1, 0.05와 0.05이다.

6~9: 처음 10개 이미지 데이터 각각(코드 6번째 줄)을 1행10열을 만들어(7번째 줄) 흑백으로(8번째 줄) 해당 숫자(9번째 줄)와 함께 이미지로 출력한다.

첫 번째 숫자 0의 이미지를 나타내는 8x8 행렬(그림1-(b))를 출력하는 코드는 다음과 같다.

```
print(digits.images[0])
```

```
[[0. 0. 5. 13. 9. 1. 0. 0.]
 [0. 0. 13. 15. 10. 15. 5. 0.]
 [0. 3. 15. 2. 0. 11. 8. 0.]
 [0. 4. 12. 0. 0. 8. 8. 0.]
 [0. 5. 8. 0. 0. 9. 8. 0.]
 [0. 4. 11. 0. 1. 12. 7. 0.]
 [0. 2. 14. 5. 10. 12. 0. 0.]
 [0. 0. 6. 13. 10. 0. 0. 0.]]
```

|코드 설명|

digits가 가진 속성은 dir(digits)로 확인할 수 있고 digits의 속성인 images를 사용하여 이미지 행렬을 출력한다. 여기서 digits.images[0]는 numpy의 ndarray(N-dimensi-onal array)이고 8x8 행렬이다.

2. 훈련데이터

digits가 가진 속성 data와 target으로 훈련데이터를 다음과 같이 만든다.

```
import torch; import torch.nn as nn; torch.manual_seed(1)

input = torch.tensor(digits.data, dtype=torch.float32)
target = torch.tensor(digits.target, dtype=torch.int64)
print('input.shape=', input.shape, ',' , 'target.shape=', target.shape)
print( )
print('input[0]=', input[0])
print('target[0]=', target[0])
```

```
input.shape = torch.Size([1797,64]), target.shape = torch.Size([1797])

input[0]=tensor([0., 0., 5., 13., 9., 1., 0., 0., 0., 0., 13., 15., 10., 15.,
        5., 0., 0., 3., 15., 2., 0., 11., 8., 0., 0., 4., 12., 0.,
        0., 8., 8., 0., 0., 5., 8., 0., 0., 9., 8., 0., 0., 4.,
       11., 0., 1., 12., 7., 0., 0., 2., 14., 5., 10., 12., 0., 0.,
        0., 0., 6., 13., 10., 0., 0., 0.])
target[0]=tensor(0)
```

|코드 설명|

3번째 줄: digits.data를 PyTorch에서 사용하기 위하여 데이터 타입이 float32인 tensor로 변환하여 input에 저장한다.

4: digits.target을 PyTorch에서 사용하기 위하여 데이터 타입이 int64인 tensor로 변환하여 target에 저장한다.

5: digits.data에는 크기가 64인 1차원 벡터가 1797개 있으므로 digits.data를 tensor로 변환한 input에도 크기가 64인 1차원 벡터가 1797개 있다. 즉, input의 shape은 2차원 [1797, 64]이다. digits.target에는 크기가 1인 1차원 벡터가 1797개 있으므로 digits.target을 tensor로 변환한 target에도 크기가 1인 1차원 벡터가 1797개 있다. 즉, target의 shape은 [1797]이다.

7~8: input[0]는 크기가 64인 1차원 벡터 digits.data[0]를 자료형 tensor로 변환한 것이므로 크기가 64인 1차원 tensor임을 알 수 있다. target[0]은 크기가 1인 1차원 벡터 digits.target[0]를 자료형 tensor로 변환한 것이므로 크기가 1인 1차원 tensor임을 알 수 있다.

3. 신경망 정의

신경망 입력층에는 64개 입력노드가 있어야 한다. 그 이유는 input에 있는 각 데이터가 64개 숫자로 구성되었기 때문이다. 1번째 은닉층에는 선형노드가 32개, 2번째 은닉층에는 ReLU, 3번째 은닉층에는 선형노드가 16개, 4번째 은닉층에는 ReLU, 출력층은 선형노드로 만들었다. 출력층에는 10개 출력노드가 있어야 한다. 그 이유는 0부터 9사이에 대응하는 10개 값이 필요하고 가장 큰 값을 가지는 출력노드 번호가 신경망이 예측하는 숫자이기 때문이다. 이런 신경망을 코드로 나타내면 다음과 같다.

```
net=nn.Sequential(
    nn.Linear(64, 32),
    nn.ReLU( ),
    nn.Linear(32, 16),
    nn.ReLU( ),
    nn.Linear(16, 10)
)
```

4. 신경망 loss

신경망 출력을 net(input)= $[[x_0],\cdots,[x_9]]$라고 할 때, x_{target}은 신경망 출력이 목표로 하는 숫자 target(0부터 9 사이의 숫자)번째에 있는 실수이다. 예를 들면, 신경망 출력이 목표로 하는 숫자 target이 3이면 $x_{target}=x_3$이 된다.

신경망 출력 net(input)= $[[x_0],\cdots,[x_9]]$중에서 x_{target}을 제외한 모든 x_i가 $-\infty$에 가까워 질수록 신경망 loss가 0이 매우 가깝게 되도록 다음과 같이 정의한다(아래 [참고1]에서 설명).

$$\begin{aligned}\text{loss} &= \text{loss\_fn}(\text{net}(\text{input}), \text{target}) \\ &= -\ln\left(\frac{\exp(x_{target})}{\Sigma_{i=0}^{9}\exp(x_i)}\right)\end{aligned}$$

아래 표를 사용하여 위 정의로 loss을 계산해보자. 신경망 출력노드가 10개(아래 표1열)이므로 신경망 출력 net(input)이 표 2열에 있는 10개 숫자를 가진다고 하자.

$$\text{net}(\text{input}) = [[x_0],\cdots,[x_9]],\ x_i \in R\ (0 \le i \le 9)\text{---}(*).$$

그리고 신경망 target은 5라고 하자(표3열).

그러면 $x_{target}=x_5=0.510$(표2열)이고 $\Sigma_{i=0}^{9}\exp(x_i)=13.742$(수식 (*)와 표4열의 sum)이므로 $\frac{\exp(x_{target})}{\Sigma_{i=0}^{9}\exp(x_i)}=\frac{\exp(0.510)}{13.742}=0.121$이다(표5열). 따라서 신경망 loss는 다음과 같다(표6열).

$$\text{loss} = \text{loss\_fn}(\text{net}(\text{input}), \text{target})$$

$$= -\ln\left(\frac{\exp(x_{target})}{\Sigma_{i=0}^{9}\exp(x_i)}\right)$$

$$= -\ln(0.121) = 2.111$$

표1. 신경망 loss를 구하는 과정

출력노드 번호 (숫자 0~9)	net(input)	target (목표 숫자)	exp(net(input))	$\exp(x_{target})$/sum	loss_fn(net(input),target) =-ln($\exp(x_{target})$/sum)
0	x0 = 0.793		2.209		
1	x1 = -0.392		0.676		
2	x2 = 0.171		1.187		
3	x3 = 0.080		1.083		
4	x4 = -1.014		0.363		
5	x5 = 0.510	5	1.665	0.121	2.111
6	x6 = -0.061		0.941		
7	x7 = 0.505		1.656		
8	x8 = 1.013		2.754		
9	x9 = 0.189		1.208		
			sum = 13.742		

코드로 신경망 loss를 구할 때 loss_fn은 CrossEntropyLoss(아래 코드 8번째 줄)이고 loss를 출력해보면 위 결과와 같음을 알 수 있다.

```
1 import torch; import torch.nn as nn; torch.manual_seed(1)
2
3 input = torch.tensor([[1.0]])
4 target = torch.tensor([5])
5
6 net=nn.Linear(1,10)
7
8 loss_fn = nn.CrossEntropyLoss( )
9
10 print('net(input)=',net(input));print( )
11 print('loss=',loss_fn(net(input), target))
```

```
net(input)= tensor([[ 0.7926, -0.3920, 0.1714, 0.0797, -1.0143, 0.5097, -0.0608, 0.5047,
         1.0132, 0.1887]], grad_fn=<AddmmBackward>)

loss= tensor(2.1108, grad_fn=<NllLossBackward>)
```

[참고1] 아래 계산 과정을 보면, net(input)과 target의 다른 정도를 나타내는 신경망 손실인 CrossEnropyLoss가 0에 가까워지기 위한 필요충분조건은 net(input)이 가지는 10개 숫자 중에서 target에 해당하는 출력노드가 가지는 값 x_{target}을 제외한 9개 숫자 x_i는 $-\infty$에 가까워짐을 알 수 있다. ($0 \leq i \leq 9, i \neq target$)

$$\text{loss\_ftn}(\text{net(input)}, \text{target}) = -\ln\left(\frac{\exp(x_{target})}{\Sigma_{i=0}^{9}\exp(x_i)}\right) \approx 0$$

$$\Leftrightarrow \frac{\exp(x_{target})}{\Sigma_{i=0}^{9}\exp(x_i)} \approx 1$$

$$\Leftrightarrow \exp(x_{target}) \approx \Sigma_{i=0}^{9}\exp(x_i) = \exp(x_{target}) + \Sigma_{i \in \{0,\cdots,9\}-\{target\}}\exp(x_i)$$

$$\Leftrightarrow 0 \approx \Sigma_{i \in \{0,\cdots,9\}-\{target\}}\exp(x_i)$$

$$\Leftrightarrow 0 \approx \exp(x_i)\,(i \in \{0,\cdots,9\}-\{target\})$$

$$\Leftrightarrow x_i \approx -\infty\,(i \in \{0,\cdots,9\}-\{target\})$$

[참고2] 위 코드 4번째 줄에서 target이 숫자 한 개를 가지므로 일반적으로 신경망 출력노드도 한 개가 되어야 하지만 코드 6번째 줄을 보면 신경망의 출력노드가 열 개이다. 그 이유는 target에서 사용한 숫자 5은 10개의 정수 0부터 9 사이 중에서 5를 의미하므로 0번째 출력노드, …, 9번째 출력노드를 만들어야 하기 때문이다

5. 신경망 학습

파라미터를 업데이트하는 방법인 torch.optim.Adam을 사용하여 신경망 파라미터를 100회 업데이트하는 코드는 다음과 같다.

```
optimizer = torch.optim.Adam(net.parameters( ))

for epoch in range(100)
    optimizer.zero_grad( )
    loss = loss_fn(net(input), target)
    loss.backward( )
    optimizer.step( )
```

신경망 loss을 얻기 위한 전체 코드는 다음과 같다.

```
import torch; import torch.nn as nn; torch.manual_seed(1)
from sklearn.datasets import load_digits

digits = load_digits( )

input = torch.tensor(digits.data, dtype=torch.float32)
target = torch.tensor(digits.target, dtype=torch.int64)

net = nn.Sequential( nn.Linear(64,32),nn.ReLU( ),nn.Linear(32,16),nn.ReLU(),nn.Linear(16, 10) )

loss_fn = nn.CrossEntropyLoss( )

optimizer = torch.optim.Adam(net.parameters( ))

for epoch in range(100):
  optimizer.zero_grad( )
  loss = loss_fn(net(input), target)
  loss.backward( )
  optimizer.step( )

print(loss)
```

```
tensor(0.2652, grad_fn=<NllLossBackward>)
```

연습문제

아래 문제는 Yann LeCun의 웹사이트에서 제공하는 데이터인 MNIST(Modified National Institute of Standards and Technology)를 사용하여 손으로 쓴 숫자를 신경망에 입력하면 0부터 9사이의 숫자 중에서 어떤 숫자인지를 분류하는 문제이다.

1. 다음 설명을 이해한 후에 주어지는 물음에 답하시오.

다음 코드와 같이 torchvision.datasets.MNIST( )에 4개 인자를 대입하여 MNIST 훈련데이터(mnist_train)과 검증데이터(mnist_test)를 만든다. 그리고 mnist_train.data 와 mnist_test.data의 shape을 출력해보면 각각 [60000, 28, 28]과 [10000, 28, 28]이므로 6만개와 1만개 이미지 데이터가 있고 1개 이미지 데이터는 2차원 [28, 28]로 표현되었음을 알 수 있다. 각 이미지 데이터는 Scikit-learn에서 제공하는 이미지 데이터와 다르게 28*28개 숫자로 표현되어 있다.

```
import torchvision.datasets
import torchvision.transforms

#훈련데이터
mnist_train = torchvision.datasets.MNIST(root='MNIST_data/',
                    train=True,
                    transform=torchvision.transforms.ToTensor(),
                    download=True)
#검증데이터
mnist_test = torchvision.datasets.MNIST(root='MNIST_data/',
                    train=False,
                    transform=torchvision.transforms.ToTensor(),
                    download=True)

print(mnist_train.data.shape)
print(mnist_test.data.shape)
```

```
Downloading http://yann.lecun.com/exdb/mnist/train-images-idx3-ubyte.gz to
9920512/? [00:20<00:00, 778134.53it/s]

Extracting MNIST_data/MNIST/raw/train-images-idx3-ubyte.gz to MNIST_data/MNIST/raw
Downloading http://yann.lecun.com/exdb/mnist/train-labels-idx1-ubyte.gz to
32768/? [00:01<00:00, 30196.55it/s]
```

```
Extracting MNIST_data/MNIST/raw/train-labels-idx1-ubyte.gz to MNIST_data/MNIST/raw
Downloading http://yann.lecun.com/exdb/mnist/t10k-images-idx3-ubyte.gz to
                                                   1654784/? [00:00<00:00, 2087159.44it/s]

Extracting MNIST_data/MNIST/raw/t10k-images-idx3-ubyte.gz to MNIST_data/MNIST/raw
Downloading http://yann.lecun.com/exdb/mnist/t10k-labels-idx1-ubyte.gz to
                                                   8192/? [00:00<00:00, 18931.04it/s]

Extracting MNIST_data/MNIST/raw/t10k-labels-idx1-ubyte.gz to MNIST_data/MNIST/raw
Processing...
Done!
torch.Size([60000, 28, 28])
torch.Size([10000, 28, 28])
```

다음 코드와 같이 torch.utils.data.DataLoader(아래 코드 2번째 줄)을 사용하여 6만 개 이미지 데이터를 가지고 있는 mnist_train(코드 2번째 줄에 있는 dataset=mnist_train)을 100개 이미지 데이터를 가지는 부분집합(miniBatch)으로 분할(코드 3번째 줄 batch_size=100)하여 train_loader에 저장한다(코드 2번째 줄). 이때, 6만 개 이미지 데이터를 무작위로 섞은 후(코드 4번째 줄 shuffle=True)에 분할한다. 분할한 후에 마지막에 만들어지는 부분집합은 삭제한다(코드 5번째 줄 drop_last=True). DataLoader를 사용한 제8장 PART VI의 (2-2)와 같이 train_loader는 부분집합(miniBatch)로 분할되어 있고 각 부분집합(miniBatch)는 100개 순서쌍 (행렬, 숫자)로 구성되어 있다. 여기서 각 행렬은 크기가 28x28인 이미지 행렬이고 숫자는 이미지가 나타내는 숫자이다. 따라서 0번째 부분집합(miniBatch)에 있는 행렬의 집합은 크기(shape)가 4차원 [100, 1, 28, 28]이 된다 (코드 7~9줄 images.shape). 여기서 두 번째 숫자 1은 이미지가 흑백임을 나타낸다. 만약 이미지가 칼라이면 1이 아니고 3이 된다. 마찬가지로 0번째 부분집합(miniBatch)의 순서쌍 (행렬, 숫자)에서 숫자의 집합은 크기(shape)가 1차원 [100]이 된다 (코드 7~9줄 labels.shape)

```python
from torch.utils.data import DataLoader
train_loader = DataLoader(dataset=mnist_train,
                          batch_size=100,
                          shuffle=True,
                          drop_last=True)

for images, labels in train_loader:
    print(images.shape);print(labels.shape)
    break
```

```
torch.Size([100, 1, 28, 28])
torch.Size([100])
```

신경망에 이미지 행렬에 있는 숫자(이미지 데이터)을 입력하므로 입력노드는 28*28=784개가 되어야 한다. 그리고 출력노드는 10개가 되어야 한다. 그 이유는 신경망에 이미지 데이터를 입력하면 신경망 출력을 보고 이미지 데이터가 0부터 9 사이의 어떤 숫자인지를 결정해야 하기 때문에 0부터 9사이의 숫자에 대응하는 10개 출력노드(0번째, …, 9번째 출력노드)가 있어야 한다. 이런 입력층과 출력층만으로 구성된 신경망 net을 만든다(아래 코드 2번째). 이중에서 가장 큰 값을 가지는 출력노드의 번호가 입력한 이미지 데이터가 나타내는 숫자가 된다.

```python
1 import torch; import torch.nn as nn; torch.manual_seed(1)
2 net = nn.Linear(784, 10)
```

miniBatch로 신경망을 학습할 때, 신경망 input의 shape은 2차원 [100, 28*28]이 되어야 하므로 신경망에 입력할 images의 4차원 shape [100, 1, 28, 28]을 2차원 [100, 28*28]로 변경해야 한다(아래 코드 6번째 줄). 신경망 target은 shape이 1차원이 되어야 하고 신경망이 목표하는 값인 labels의 shape이 1차원이므로 target=labels가 된다(코드 7번째 줄).

```python
loss_ftn = nn.CrossEntropyLoss( )
optimizer = torch.optim.SGD(net.parameters( ), lr=0.1)

for epoch in range(1):
   for images, labels in train_loader:
      input = images.view(-1, 28 * 28)
      target = labels

      optimizer.zero_grad( )
      loss = loss_ftn(net(input), target)
      loss.backward( )
      optimizer.step( )

print('loss',loss)
```

```
loss tensor(0.3417, grad_fn=<NllLossBackward>)
```

위의 모든 설명을 이해한 후에, 신경망 파라미터를 5회 업데이트한 후, 신경망 loss를 출력하는 전체 코드를 작성하시오.

2. 다음 설명을 이해한 후에 주어지는 물음에 답하시오.

연습문제1에서 정의한 검증 데이터(mnist_test)를 사용하여 파라미터를 5회 업데이트한 신경망 net의 성능을 검증해보자. 검증할 때는 신경망 파라미터를 업데이트하지 않으므로 gradient를 계산하지 않는다(아래 코드 1번째 줄).

신경망 net에 입력하는 데이터(input_test)는 2차원이고 각 데이터가 가진 숫자는 28*28개이고 자료형이 float32이어야 하므로 4차원([10000, 1, 28, 28])인 mnist_test.data를 입력으로 사용하기 위해서는 2차원이고 각 입력 데이터의 숫자가 28*28개(코드 3번째 줄 mini_test.data.view(-1,28*28))이고 자료형이 float32가 되도록 변형(코드 3번째 줄)하여 검증데이터의 입력(input_test)으로 사용한다.

신경망 net에 target으로 사용하는 데이터(target_test)는 1차원이고 자료형이 int64이어야 하는데 동일한 차원과 자료형을 가지는 mnist_test.targets를 변형없이 검증 데이터의 목푯값(target_test)으로 사용한다(코드 4번째 줄).

아래 코드 6, 8번째 줄을 설명하면 다음과 같다. 신경망 net에 10,000개 데이터로 구성된 검증 입력데이터(input_test)를 대입(net(input_test))하여 얻은 신경망 출력(코드 6번째 줄 prediction)은 10,000개 데이터를 가지고 출력노드가 10개(0번째, … , 9번째 출력노드)이므로 net(input_test)의 shape은 [10000, 10]이 된다. 신경망 net에 입력한 각각의 입력데이터에 대하여 10개 출력노드 값 중에서 최댓값을 가지는 출력노드의 번호(0과 9사이의 숫자)와 검증데이터의 목푯값(target_test)를 비교한다. 일치하면 변수 correct_prediction에 1을 저장하고 불일치하면 0을 저장하므로 변수 correct_prediction는 0 또는 1로 구성된 10,000개 숫자를 가진 벡터가 된다(코드 8번째 줄 correct_prediction).

코드 10, 12번째 줄에서 변수 correct_prediction에 저장된 각각의 숫자를 float32 자료형으로 변한 한 후에 평균을 구하여 신경망 net의 성능을 나타내는 변수 accuracy에 저장(코드 10번째 줄)하고 출력(코드 12번째 줄)한다. 그 결과 검증데이터로 구한 신경망 net의 성능은 약 90%임을 알 수 있다.

```
1 with torch.no_grad():
2
3     input_test = mnist_test.data.view(-1, 28 * 28).float()
4     target_test = mnist_test.targets
5
6     prediction = net(input_test)
7
8     correct_prediction = torch.argmax(prediction, 1) == target_test
9
10    accuracy = correct_prediction.float().mean()
11
12    print('Accuracy:', accuracy.item())
```

```
Accuracy: 0.902400016784668
```

연습문제 1번과 2번에 사용된 모든 코드를 하나의 코드로 완성하시오.